SOCIAL
FACILITATION

ソーシャル・ファシリテーション 改訂版

「ともに社会をつくる関係」を育む技法

徳田 太郎・鈴木 まり子 著

北樹出版

はじめに

「この現状を何とかしたい……」「こんな未来になるといいな……」。誰もが、そんな思いを抱いたことがあるでしょう。

でも、一人でできることは限られている。何から始めればよいか分からない。多くの場合、私たちは、そうやってあきらめてしまうものです。

あるいは、勇気を出して一歩を踏み出したものの、やはりうまくいかない。頑張って続けてみても、なかなか望むような変化にはつながらない。そんな悩みの只中にいる方も多いかもしれません。

そういう「ためらい」や「つまずき」に寄り添い、そっと背中を押してくれるような人がいると、うれしいですよね。

本書は、「まずは、あなたが、そういう働きかけをする人になってみませんか？」というご提案です。

課題の解決や、未来の創造といった営みは、一人ではできないもの。思いが重なりあう仲間が必要です。仲間が増えれば、そこでは話しあいが必要となります。何をするか、どうやってやるか。決まったことを実行に移す過程では、新たな悩みも出てくるでしょう。それを乗り越えていく中で、きっと、さらに仲間が増えていく。

そういう一連のプロセスに寄り添い、後押しするのが、本書がテーマとする「ソーシャル・ファシリテーション」です。

社会とは、私たちと無関係にそこに「ある」ものではありません。私たちが、ともに「つくる」もの、ともに「変えていく」ものです。ソーシャル・ファシリテーションとは、その「ともにつくり、変える」関係を育む働きかけであるといえます。

集いあう。聴きあう。学びあう。一つひとつは小さな取り組みであっても、その活動の中で多様な人々が出会い、自発的な人間関係が編まれる中で、参加への意欲や相互の信頼感が育まれていきます。そしておそらく、それらが積み重なることで、私たち一人ひとりは、お互いに認めあい、分かちあい、支えあう「社会の担い手」として成長していくのでしょう。

そのような関係を育むための技法を、ともに探究していきましょう。

―・―・―・―

改訂版では、全体的に加筆や修正を行ったほか、第二章第二節に「アイデアの発散～集約を促す」「行動への橋渡しを促す」の二つの項目を追加しました。また、第四章に「政策提言分野」の事例を加えました。コラムも二つ追加しています（「ファシリテーターのカバンの中身」「海外のソーシャル・ファシリテーション」）。あわせて、より多くの方に読みやすいものとなるよう、ＵＤフォントを採用しました。

目次

chapter 2

話しあいをファシリテーションする　31

chapter 3

ソーシャルなファシリテーションへ　63

chapter 4

ソーシャル・ファシリテーションの現場　91

prologue

ソーシャル・ファシリテーションとは何か

What is Social Facilitation?

いま、このページを開いている方の多くは、「ファシリテーション」に何らかの興味・関心があって、本書を手にしたのではないだろうか。そして、その中の一定の割合の方が、「ソーシャル・ファシリテーションって、（普通の）ファシリテーションと、どう違うのだろう?」という疑問を抱いて、その答えを探そうとしているのではないだろうか。

結論を先に言おう。「ファシリテーション」と「ソーシャル・ファシリテーション」とは、ある意味では同じものであり、ある意味では異なるものだ。というのも、当然のことではあるが、「ソーシャル」および「ファシリテーション」という語を、どのように解釈し、定義するかによって変わってくるからである。

序章では、この2つの語の捉え方を提示した上で、本書で探究する「ソーシャル・ファシリテーション」の概要を紹介したい。

section 1

ファシリテーションとは？

筆者らは、「ファシリテーター（facilitator）」、すなわち「ファシリテーションする人」として活動をしている。具体的には、地域づくりや災害復興、福祉や教育などの領域を中心に、全国各地でさまざまな「話しあい」の場の企画・運営に携わっている。実際の話しあいで進行役を務めることもあれば、「進行の仕方」を学ぶ講座や研修で講師を務めることもある。

したがって、現状のニーズからシンプルに捉えるならば、ファシリテーション（facilitation）とは「話しあいの技術」であり、ファシリテーターとは「話しあいの進行役」であると理解することができるだろう。しかし筆者らは、ファシリテーションはいわゆる「会議や対話の技術」にとどまるものではない、と考えている。もちろん「話しあいを支援・促進する技術」は重要な要素であり、それを中核に据えることに異論はないのだが、より広く、「複数の人々の関係や共同行為を支援・促進すること」、やわらかくいえば「人と人との〈つながり〉や〈かかわり〉を後押しすること」であると捉えたいのだ。

なぜか？　それは、ファシリテーションという語は、もともとはあくまでも「○○を容易にする／円滑にする／促進すること」という、非常に広い意味を持った言葉だからである。○○に入るのは、必ずしも「話しあい」だけではない。

確かに、現在の日本において「ファシリテーション」という言葉を用いる際にイメージするのは、話しあいがよりよいものとなるように、さまざまな働きかけをすることである。しかし多くの場合、話しあいは、それ自体が目的ではない。

簡単な例を挙げてみよう。「ゼミ旅行の行き先」を話しあっている五人の学生がいるとする。もちろんその話しあいは、「行き先を決める」ために行っているのだが、しかしそれ自体は真の目的ではない。ゼミ旅行を、五人全員にとって楽しく、充実したものにするために、話しあいをしているはずである。したがって、もしその学生たちの行動を支援・促進しようとするなら、単に「行き先がスムーズに決まるよう支援する」というよりも、「全員にとって充実したゼミ旅行となるように支援する」という発想で働きかけるほうがよいのではないだろうか？　そのためには、それぞれが他のメンバーの思いや好みを理解しあったり、旅行の目的や研究との関連などを深く考えたりするよう後押しすることが有効だろう。

すなわち、ファシリテーションは、「**話しあい**の支援・促進」と、「**複数の人々の関係や共同行為**の支援・促進」という二つの層で捉えることができるのだ。

section
2
ソーシャルとは？

では、「ソーシャル（social）」とは何だろうか。語義的には、「社会の（社会に関する）」とか「社会的」などと訳すことができるが、では、「社会的」とはどういうことだろうか？

1 「個人的」との対比で考える

一つには、「個人的（individual）」との対比で捉える考え方、つまり「複数の人がいて、意識しあって何かをしたら、それは社会的である」という考え方がある。この場合、社会は「集団」と意味的にほぼイコールとなる。確かに、「社会は個人から成り立つ」とか「社会の中で個人が育つ」という文の「社会」を「集団」に置き換えても、文としては違和感がない。この、「複数の人がいて、意識しあって何かをしたら、それは社会的である」という考え方に従えば、友人関係や家族関係も「ソーシャル」なものとなる。先ほどの、ゼミ旅行の行き先を話しあっている五人の学生も、一つの「社会」であると考えられなくもない。

しかし、「社会」という言葉は、もっと積極的な意味を込めて用いられることも多いのではないだろうか。たとえば、先に述べたように、筆者らは地域づくりや災害復興、福祉や教育などの領域を中心に活動をしているのだが、しばしば「ソーシャルな領域が多いのですね」などといわれる。複数の人がいればソーシャルであるのならば、ファシリテーションは必ず「ソーシャル」なものであるはずだ。それなのに、ことさらに「社会的」といわれるのは、なぜだろうか？

ヒントとなるのは、「社会問題」とか「社会的課題」などの言葉だろう。このようにいう場合、「集団の」というよりも、「個人的であることを超えた」というニュアンスが感じられないだろうか。たとえば、「引きこもりは社会問題である」などといわれる。しかしこれはもちろん、何人かが集団で引きこもっているわけではない。また、引きこもっている人が後にも先にも世界で一人だけだったとしたら、それは「個人的な問題」かもしれないが、実際には、現代の日本では約一四六万人が引きこもり状態にあると推計されている（二〇二二年度の内閣府調査）。だからこそ、「個人的であることを超えた」問題、すなわち社会問題として認識されているのだ。

2 「私的」との対比で考える

この延長線上で、「ソーシャル」のもう一つの考え方、「**私的**（private）」との対比で捉える考え方を見ていこう。

「ソーシャル・ビジネス（社会的企業）」という言葉を聞いたことがないだろうか。貧困や差別、環境破壊などの社会的課題（まさに「個人的であることを超えた」課題である）を、ビジネスの手法を用いて解決する取り組みだが、ここでポイントとなるのは、「私的な利益（＝営利）」の追求よりも、課題の解決こそが重視されているという点だ。

「私の」利益（私益）だけを追求するのではなく、「私たちの」利益（共益／公益）を考えること。ここに「ソーシャルである」ことの本質を見ることもできる。たとえば、「社会福祉」や「社会保障」といった概念は、一人ひとりが「私の」利益を追求して競いあうだけでなく、お互いに支えあい、助けあうことによって、「私たちの」（＝共同体としての）利益を実現しようという発想がベースとなっている。つまり、「ソーシャルである」ということは、「私たち」という相互の支えあいの関係、共同体における協力や連帯といった姿勢を内包することもあるのだ。

このように見てくると、ソーシャルという語にも、単純に「集団」を表す場合と、「個人を超えた」とか「支えあいを志向した」といった積極的な意味を含む「共同体」を表す場合との、二つの層があることが分かる。

section 3

ソーシャル・ファシリテーションとは？

1 ファシリテーション、四つの象限

さて、ファシリテーションも、ソーシャルも、二つの層で捉えることができることが分かった。ファシリテーションは、狭く捉えれば「話しあいの支援・促進」であり、広く捉えれば「関係や共同行為の支援・促

進」である。そしてソーシャルも、小さく「集団としての社会」と捉えることもできれば、大きく「共同体としての社会」として捉えることもできる。ここで、少し整理をしてみよう。

図表0-1を見てほしい。ファシリテーション（縦軸）の二つの層について、「話しあいの支援・促進」を小文字のf、「関係や共同行為の支援・促進」を大文字のFで表している。また、ソーシャル（横軸）の二つの層について、「集団としての社会」を小文字のs、「共同体としての社会」を大文字のSで表している。四つの象限は、いずれも「ソーシャル・ファシリテーション」と呼び得るが、その内容は異なっている。

① 小文字のs×小文字のf

たとえば、職場や地域、学校など（これを「一般的な場」と呼ぼう）で、その場で必要となるテーマの話しあいを行う際のファシリテーションである。通常の「会議や対話の技術」をイメージすればよいだろう。

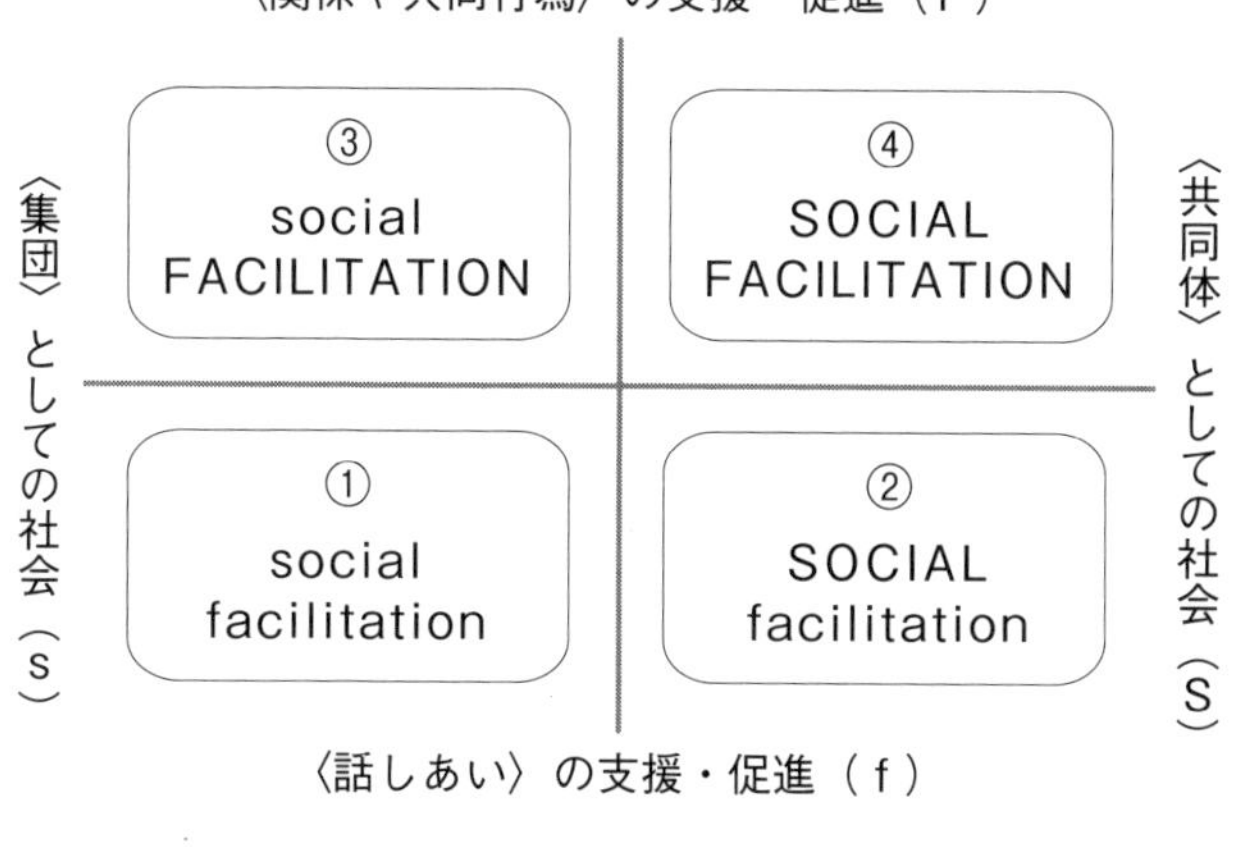

図表 0-1　4つの「ソーシャル・ファシリテーション」

②大文字のS×小文字のf

二つのパターンが考えられる。一つは、一般的な場において、「社会的課題」をテーマとした話しあいをファシリテーションするような場合である。「高齢化社会を考える公開シンポジウム」といった場における対話の進行などをイメージすればよいだろう。もう一つは、社会的課題の解決に取り組む団体等における、団体内部の話しあいのファシリテーションである。ＮＰＯの理事会での進行などが考えられる。

③小文字のs×大文字のF

一般的な場において、関係や共同行為を支援・促進するような働きかけを行うことである。通常は「ファシリテーション」としては意識されないような働きかけ（たとえば「助言する」「交渉する」などの行為）であっても、それが「関係や共同行為を支援・促進する」ことにつながるのであれば、ここに含まれることになる。いわゆる「リーダー」的な立場にある人や、さまざまな対人援助職の働きをイメージしてもよいだろう。

④大文字のS×大文字のF

「支えあい」の関係をつくり、社会的課題の解決に取り組むことを、全体として支援・促進する働きである。③と同様に、話しあいのファシリテーションだけでなく、さまざまな働きかけを総動員することになる。

2 大文字のソーシャル・ファシリテーションに注目する

本章の冒頭で、「ファシリテーション」と「ソーシャル・ファシリテーション」とは、ある意味では同じものであり、ある意味では別のものであると記していたことを思い出してほしい。「ある意味では同じもの」というのは、①〜④のすべてが「ソーシャル」と「ファシリテーション」を掛けあわせたものであり、その意味ではいずれも「ソーシャル・ファシリテーション」であるといえるからである。

一方、「ある意味では別のもの」というのは、「ファシリテーション」や「ソーシャル」の捉え方による、ということだ。

たとえば、①や②は話しあいの支援・促進（小文字のｆ）であるから、ファシリテーションそのものであることに異論はないだろう。しかし、大文字のＦである③や④をファシリテーションとして位置づけることには、もしかしたら反対の声があがるかもしれない（むしろ、助言や交渉を、ファシリテーションとは異なるものであると考える人は多いだろう）。第一章で改めて詳しく見ていくが、基本的には、ファシリテーションとはあくまでも間接的なものである。話しあいの内容そのものに直接的に踏み込むことはしないのが原理・原則だ。大文字のＦという考え方は、場合によってはこの原理・原則を犯す可能性があることを示唆しているのだから、違和感があるのも当然だろう。

また、①や③のように、ソーシャルを単なる「集団」（小文字のｓ）として理解すれば、「ソーシャル」という修飾語が「ファシリテーション」の対象や内容に与える影響はないに等しいが、②や④のように、「個人を超えた」とか「支えあいを志向した」といった大文字のSの意味で理解すると、ファシリテーションの対象や内容がかなり限定されてくる（たとえば、地域づくりや災害復興、福祉や教育などの領域に焦点が当たる）ように感じられるのではないか。

そして、これらの結果として、④（大文字のS×大文字のF）は、通常の理解におけるファシリテーションとはかなり異なるものと感じられるかもしれない。

だが、すでに確認したように、ファシリテーションはあくまでも「○○を容易にする／円滑にする／促進すること」という、幅広い意味を持つ言葉である。その対象を「話しあい」に限定する必要はない。さまざまな働きかけを駆使して「複数の人々の関係や共同行為を支援・促進すること」「人と人との〈つながり〉や〈かかわり〉を後押しすること」であるとする包括的な定義も、十分にあり得るのだ（繰り返しになるが、この点は、改めて第一章以降でしっかりと確認する）。

したがって本書では、ソーシャルを小文字のs、すなわち単なる人々の「集団」という意味で捉えるのではなく、あくまでも大文字のS、すなわち「支えあいの関係を育む」とか「社会的課題に取り組む」といった含意を持つものとして考えていきたい。

よって、本書において探究していく「ソーシャル・ファシリテーション」は、主に④（大文字のS×大文字のF）を指していると理解してほしい。

3 なぜ、ソーシャル・ファシリテーションなのか？

では、なぜ筆者らは、ファシリテーションをこのような意味で捉え、本書をつくろうと考えたのか。ここで簡単に理由を記しておきたい。

筆者らは、日本ファシリテーション協会（ＦＡＪ）という団体に所属している。ＦＡＪは、ファシリテーションの普及を通じて、多様な人々が協働しあう自律分散型社会の発展に寄与することをめざして、さまざまな活動をしているＮＰＯ法人である。

徳田が会長を、鈴木が副会長を務めていた二〇一一年三月、東日本大震災が発生した。これを受けて、筆者らは会員有志の協力を得て、協会内に「災害復興支援室」を設置し、「地域における話しあいを支援・促進することで、住民主体の復興を支援・促進する」活動を開始した。

しかし、ファシリテーション仲間からは「ファシリテーションで、復興支援？」という反応が少なからず寄せられ、一方で復興支援に携わる団体の人々からは、「復興支援に、ファシリテーション？」と訝しがられることも多かった。

なぜか？　それは、いずれの人々も、ファシリテーションを「集団内での話しあいの支援」、つまり図表0-1における①（小文字のｓ×小文字のｆ）として捉えていたからだ。また、被災地での活動といって多くの人が真っ先に思い浮かべるのは、やはり瓦礫の片づけや避難所での炊き出しだろう。両者が結びつかないのは当然である。

しかし筆者らは、被災地での活動として、「避難所の自主運営」や「仮設住宅でのコミュニティづくり」、あるいは「住民主体の復興計画の策定」などを支援することを想定していた。これは、共同体における関係や共同行為の支援、つまり図表0-1でいえば④（大文字のS×大文字のF）に該当する。そして筆者らは、それまでのさまざまな経験から、①と④は地続きのものであり、むしろ分かち難いものであると考えていた。地域における小さな話しあいこそが、住民主体の復興の基盤となるだろう。そして、時と場合によっては、「話しあいのファシリテーション」を超えた働きかけ——たとえば、ある特定の一人の「こころ」を支えるような働きかけであったり、法律や制度に関する折衝を促すような働きかけであったり——も必要となるだろう。そのように考えていたのだ。そして、多くの仲間と活動を積み重ねていく中で、それは間違いではないと確信するに至った（第四章で、そのような事例の一端を紹介する）。

いわば本書は、震災以降、筆者らが活動の中で織り上げてきた知恵と技術の「中間報告」である。

4　本書の構成

もう一度確認しておこう。本書で焦点を当てるソーシャル・ファシリテーションとは、人々の間に「相互の支えあいの関係」を育み、社会的課題の解決を支援・促進する、あらゆる働きかけの総称である。

福祉や教育など公共サービスをめぐる課題、労働の不安定化や経済格差の拡大から生じる課題、家庭で担いきれないケアをめぐる課題……。これらさまざまな社会的課題の解決に向けた事業や組織を支援・促進すること、それが本書の目的である。

しかし、「それはあまりに話が大きすぎる！」と感じる読者も多いだろう。そこで本書では、小文字のソーシャル・ファシリテーションから大文字のソーシャル・ファシリテーションへと、段階を追って探究していくことにしたい。

まず前半（第一章・第二章）では、小文字のｆ、すなわち「話しあいのファシリテーション」を学ぶ。どれだけ大きな課題に取り組むとしても、その解決の鍵を握るのは、人と人との「支えあう関係」であり、そのような関係を築くためには、話しあいが必要不可欠であるからだ。第一章で「ファシリテーションとは何か」を、そして第二章で「具体的に、どのように話しあいを支援・促進するのか」を、じっくりと確認していこう。

そして後半（第三章・第四章）で、大文字のＦ、すなわち、社会的課題の解決を支援・促進する際に必要となる、さまざまな働きかけを学ぶ。第三章では、できるだけ具体的なイメージをつかむことができるよう、まずは事例に触れ、それからその事例において用いられた働きかけ――たとえば、コーディネーションやネゴシエーションなど――を確認していくことにする。そして第四章では、（大文字の）ソーシャル・ファシリテーションの事例に数多く触れる。地域づくり、災害復興や防災・減災、医療・福祉、社会教育、市民活動、そして政策提言といった現場で、どのようなソーシャル・ファシリテーションが行われているのか、実践者へのインタビューから、具体的な知恵と技術を学んでいこう。

終章では、ソーシャル・ファシリテーションを実践する上での「落とし穴」と、その対策に言及している。また、巻末には、より深く学びたいという方のために、おすすめの書籍を紹介するコーナーも設けた。

本書が、小文字のｆに関心のある方が大文字のＳに目を向けるきっかけとなったり、逆に大文字のＳに取り組んでいる方が小文字のfをその活動に活かすきっかけとなったりするならば、筆者らにとってこれ以上の幸せはない。

序章 まとめ

1 **ファシリテーション**は、**話しあいの支援・促進**と、**複数の人々の関係や共同行為の支援・促進**という二つの層で捉えることができる。

2 **ソーシャル**という語にも、単純に**集団**を表す場合と、「個人を超えた」とか「支えあいを志向した」といった積極的な意味を含む**共同体**を表す場合との、二つの層がある。

3 本書では、**ソーシャル・ファシリテーション**を、社会的課題に取り組む、あるいは支えあいの関係を育むような場における**複数の人々の関係や共同行為を支援・促進することとして**捉える。

chapter 1

Facilitation and Talk

ファシリテーションと話しあい

第一章では、「話しあいをファシリテーションする」ための前提として、二つの確認を行う。一つは、序章（epilogue）で概観した「ファシリテーション」に関する改めての確認である。読者には、「支援・促進」の本質をつかんでほしい。

そしてもう一つは、そもそもの「話しあい」という行為に関する確認である。というのも、一口に「話しあい」といってもいくつかのタイプがあり、それを理解していなければ、適切に支援・促進することはできないからだ。

「概念の確認」ということがらの性質上、やや抽象的な話が中心となる。「具体的な手法が知りたい」「スキルを学びたい」という方には遠回りに感じるかもしれないが、まずは、丁寧に土台を固めていこう。

section 1

あらためて、ファシリテーションとは何か？

「日本語で！」「一言で！」……。講座やセミナーにおいて、筆者らが「ファシリテーション」という概念を説明しようとする際に、参加者からしばしば投げかけられる要望である。カタカナではなく漢字とひらがなで、くどくどと説明するのではなくスパッと端的に。その気持ちは分かるのだが、これがなかなか難しい。いうまでもなくファシリテーションは外来語であり、そして残念ながら筆者には、西洋の概念を次々と翻訳していった福沢諭吉や西周といった明治の人々の教養や知恵や能力の持ち合わせがない。ということで、以下、カタカナ混じりでくどくどと説明していくことになる。読者には、そこから自分なりの訳語を見出してほしい。もしかしたら、一〇〇年後の「定訳」を生み出すのは、あなたかもしれない。

1 語源は「容易にする」こと

西欧の諸言語においては、ファシリテーション（に相当する語）は、決して特殊な言葉ではない。**ファシリテーション**（facilitation）の動詞形、facilitate の語源は、ラテン語の「facilis（たやすい、容易である）」に「-ate（～させる、～する）」という接尾辞がついたものである。つまり、「～を容易にする（make easy/easier）」「～を円滑にする（make smooth/smoother）」という意味の、ごくありふれた言葉なのだ。

写真 1-1　リスボンの地下鉄のステッカー
（筆者撮影）

一例を挙げてみよう。筆者（徳田）が二〇一八年の夏に、ポルトガルの首都リスボンの地下鉄に乗った際、扉に「FACILITE」と書かれたステッカーが貼られていた（写真1-1）。描かれたイラストとコピー（Facilite a entrada e saída、英語にするとFacilitate entry and exit）を見るに、要は「乗り降りを容易に（スムーズに）しましょう」という意味だろう。これを見たときには「おお、こんなところにファシリテーションが！」と驚いたのだが、つまりはそれくらい普通に用いられる言葉なのである。

2　「会議術」とは限らない

そして、この「広い意味を持つ」ということが、きわめて重要なのだ。近年、ファシリテーションが少しずつ普及していくにつれて、「ファシリテーションって、要は会議術でしょ？」といわれることが多くなってきた。だが、そのように捉えてしまうと、こぼれ落ちるものがあまりにも多くなってしまう（だから、スパッといい切ることができないのだ）。

序章では、「話しあいの支援・促進」を小文字のf、「関係や共同行為の支援・促進」を大文字のFとして説明した。すなわち、人々が聴きあい、考えあうような場をつくり、育むこと（小文字のf）だけでなく、人々が「〇〇しあう」その他のさまざまな行為、たとえば認めあう、支えあうことの支援・促進（大文字のF）もまた、ファシリテーションなのである。

このように、豊かな意味を有しているということを前提に、ここではファシリテーションを以下のように包括的に定義したい。

ファシリテーション＝人と人との《つながり》や《かかわり》を後押しすること

その上でここからは、具体的に「どのように後押しするのか」を探っていくことになる。繰り返しとなるが、まずは小文字のf、すなわち「話しあいのファシリテーション」に焦点を当てて考えていこう。

3 「後押し」というイメージ

さて、話しあいのファシリテーションを考えるにあたって決定的に重要となるのが、「後押しする」というイメージである。

ファシリテーションする人のことを**ファシリテーター**（facilitator）と呼ぶが、このファシリテーターは、ときに「助産師」にたとえられる。産むのはお母さん、生まれてくるのは赤ちゃん。助産師さんが代わりに産むわけではない。助産師の仕事は、お母さんがもともと持っている「産む力」、赤ちゃんがもともと持っている「生まれてくる力」を活かし、丁寧に育むことを通じて、出産を支援・促進することである。

話しあいにおけるファシリテーターの立ち位置も同じだ。ファシリテーターが何らかの「答え」を持っているわけではないし、ファシリテーターが考えたり、決めたりするわけではない（考えたり、決めたりするのは、あくまでもお母さんの立場にある参加者が行うことだ)。みんなが考えやすくする、話しやすくすることを通じて、その場にいる一人ひとりが持っている力を活かし、相互の関わりあいを育むことで、「豊かな知恵が生まれてくる」ことを支援・促進するのがファシリテーターの役割である。

つまり、ファシリテーターは、決してその場の「主役」ではない。「みんなを主役にする」のが、ファシリテーターの役割なのだ。

だから、人々を「指揮する」「管理する」「誘導する」「操作する」といった発想は、ファシリテーションとは異なる。「引っ張る」のではなく、あくまでも「後押しする」働きかけなのだということを、しっかりと心にとどめておこう。

4 「プロセス」に焦点を当てる

このことに関連して、話しあいのファシリテーションを考える上で理解しておくことが必須となる「プロセス」という概念についても確認しておこう。

ファシリテーションとは、コンテンツを直接的に扱うのではなく、プロセスに意識を向け、プロセスに働きかけることである——といわれる(堀 二〇一八他)。**コンテンツ**(contents)とは、「中身」のことである。ペットボトル飲料であれば、水やお茶、ジュースがコンテンツであり、ウェブサイトでいえば、文章や画像、動画や音声がコンテンツである。それでは、話しあいにおけるコンテンツとは何だろうか？　序章で登場した

「ゼミ旅行の行き先」を話しあっている五人の学生に再び登場してもらおう。ここでコンテンツ（中身）とは、一人ひとりの口から出てくる意見やアイデアを指しているといえる。すなわち、「北海道がいい！」「えー、沖縄でしょう」「韓国は？」「思い切ってフランスとか……」といった意見やアイデアが、コンテンツである。

それに対し**プロセス**（process）とは、「コンテンツ以外のすべて」である。

プロセスとしてもっとも分かりやすいのは、話しあいの「進め方」だろう。旅行の行き先を決める際に、「行き先」そのもので頭が一杯になってしまうのではなく、「どれくらいの時間をかければ決められるのだろう？」「どのような手順で話しあえば、みんなが納得できる結論に到達できるのだろう？」といった進め方は、紛れもなくプロセスである。

もちろん、このような「進め方」だけがプロセスではない。参加者の「口から出てくる」個々の意見（「北海道！」「沖縄！」）がコンテンツであり、それ以外のすべてがプロセスであるということは、口から出る手前の部分、すなわち一人ひとりの「感じ方」（「えー、それはヤダなぁ……」）や「捉え方」（「ゼミ旅行って、もっと□□なものなんじゃない？」）もプロセスに含まれる。また、個々人の話しあいへの「関わり方」（「疲れちゃった、どこでもいいから早く決めて」）、あるいは参加者同士の「関わり方」（「○○さんのいうことには逆らえないなぁ……」）もプロセスだし、何かを決める際にはその「決め方」（「もう、じゃんけんで決めちゃおうよ！」）もプロセスである。

すなわち、進め方・感じ方・捉え方・関わり方・決め方など、「○○の仕方」という形で表せるものはすべてプロセスであり、ファシリテーターはその「○○の仕方」に意識を向けて、参加者が考えやすいように、話しやすいように支援・促進することで、その場をつくり、育んでいくのだ。

section

2 そもそも、話しあいとは何か？

ここで改めて「話しあい」について考えてみよう。一口に「話しあい」といっても、井戸端から議会まで、さまざまな場所で行われている。雑談、会談、会話、談話、対話、議論、討論、討議、交渉、折衝、協議、審議……。その呼び名もいろいろだ。「話しあいがよりよいものとなるようにファシリテーションする」ことを考えるにあたっては、そもそも話しあいにはどのようなものがあるのか、そしてどのような話しあいが「よい話しあい」なのかをしっかりとイメージしておく必要があるだろう。

1 話しあいを分類する二つの切り口

話しあいの形態を分類しようとする際、どのような切り口が考えられるだろうか。筆者らは、以下の二つの切り口による分類を提唱している。

・**立場が変わり得るか否か**：話しあいに参加している人々のポジション（たとえば賛成／反対など）が変化してもよい（あるいはそれが推奨される）のか、それとも、（意識する／しないにかかわらず）それぞれが自

身の立場に固執しているのか

・**結論が求められるか否か**：話しあいに参加している人々に、自分たち自身で（納得する／しないにかかわらず）何らかの結論を出すことが求められているのか、それとも、必ずしも一つの結論に到達することが求められてはいないのか

この二つの軸で、話しあいを四つのモードに分類したのが、図表1-1である。なお、言葉の定義は人それぞれであり、ここに示すものが必ずしも唯一絶対の正解というわけではない。あくまでも、「筆者らはこのように定義している」という、一つの見解を示すものであるということに留意してほしい。その上で、順番にそれぞれの特徴を見ていこう。

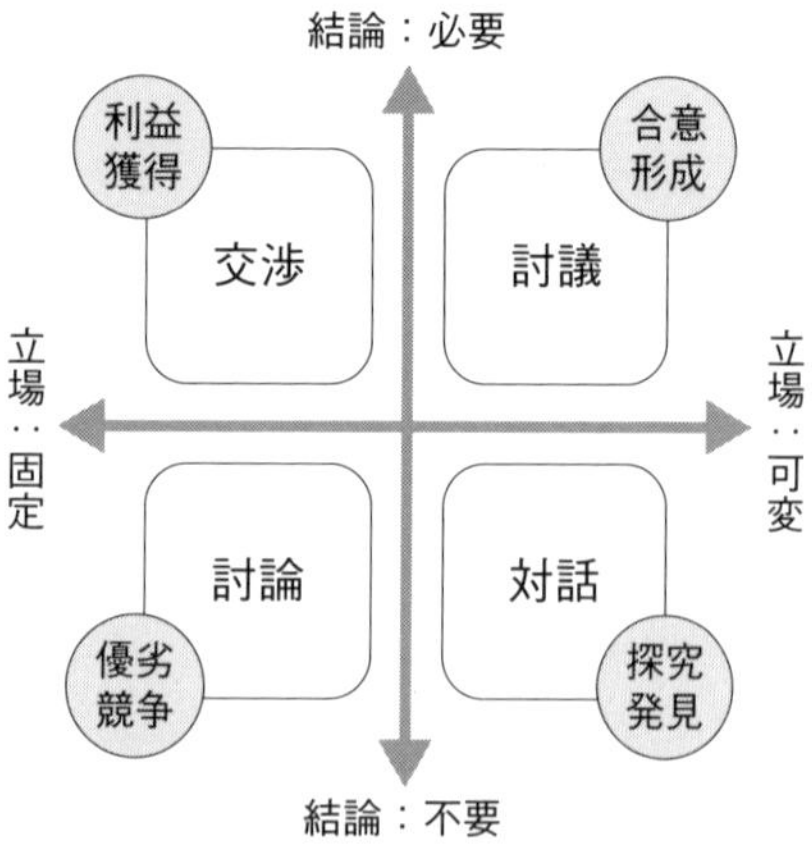

図表 1-1　話しあいの４つのモード

2 話しあいの四つのモード

① 探究と発見を目的とする「対話」

一つめは**対話**（dialogue）である。これは、探究や発見、つまり考えを深めたり、気づきを得たりすることを目的とした話しあいである。「ともに考える」ためのものであるといってもよいだろう。当然ながら主題が

あり、そのテーマに集中することが求められる。たとえば（やや現実離れしているかもしれないが……）「なぜ人は旅に出るのだろうか？」「人生において、旅はどのような意味を持つのだろうか？」などという問いをめぐって、それぞれの思いや考えを交差させることで、話が深まったり、広がったりしたら、それは「対話」的な話しあいであるといえるだろう。

対話において重要なのは、自らの立場を絶対視しないという点である。「私が正しい」「こちらがよい」と思い込んでしまうと、考えが深まることも、新しい気づきを得ることも難しくなる。そのような「正しさ」や「良さ」に関する評価・判断を、少なくともいったんは保留することが重要となるのだ。たとえば、「旅といえば一人旅」という立場の人もいれば、「仲間とともに経験を分かちあうのが旅の醍醐味」という立場の人もいるだろう。意見が異なったら、「どちらが正しいか」ではなく「なぜそのような違いが生じたのか」を考え、そこから新たに見えてくるものを大切にするのが対話である。

したがって、必ずしも全員で「これだ！」という結論を出すことは期待されていない。あくまでも、一人ひとりの中で考えが深まったり広がったりすればよいのである。場合によっては、モヤモヤしたまま終わることもあるだろう。自明であると思われたことに対する「ゆらぎ」がもたらされたり、それにより分からないことが増えて新しい「問い」が生じたりすることは、むしろ対話の価値として称賛されるべきものである。

②利益の獲得を目的とする「交渉」

対話と対極にあるのが**交渉**（dicker）だ。これは、自らの利益を最大化することを目的とした話しあいである。おそらく「折衝」という語も、ほぼ同じ意味で用いられるだろう。ここでは、自らの立場を守り、交渉を「まとめる」ことが求められる。たとえば、海外旅行でお土産を買うときの「値引き交渉」。自分は、できるだけ安く買いたい。相手は、できるだけ高く売りたい。それぞれの利益を最大化するために、できるだけよい条件で取引が成立することをめざして、やり取りが行われる。

なお、ここでいう交渉は、あくまでも「取引」としての交渉である。交渉といってもさまざまであり、「利益の最大化」といっても、「自分が一〇〇、相手が〇」をめざすような「説得」がベストとは限らない。場合によっては「五〇：五〇」（あるいはどちらかが六〇だったり七〇だったりするかもしれないが）で決着を見る「妥協」が最良であるかもしれないし、さらには「相手が一〇〇、自分は〇」となる「譲歩」であっても、長期的には利益が最大化されるかもしれない。そしてもしかしたら、win-win と呼ばれるような、合計が一〇〇を超えるような解決策が見つかるかもしれない。

お土産の値引き交渉のような単純なケースでも、価格だけに焦点を当てるのではなく、数量（「まとめて買うなら安くするよ」）や支払い方法（「現金で買うから安くして」）など、論点を増やすことによって、双方が満足できるような取引が可能となることがあり得る。さらに、もっと複雑な契約であれば、より協力的・創造的な交渉も考えられるだろう。そうなってくると、この後で確認する「討議」に近づいていくことになる。このような協力的・創造的な交渉（negotiation）については、第三章で解説する。

③ 優劣を競いあう「討論」

改めて、図表1-1（↓22ページ）を見てみよう。右下の「対話」と、左上の「交渉」の二つを確認したので、残るは右上と左下である。この二つは、「立場が変わり得るか否か」「結論が求められるか否か」という二つの軸において対極にあるわけだが、実はこれらは通常、いずれも議論（discussion）と呼ばれている話しあいなのである。すなわち、目的も性格もまったく異なる話しあいが、「議論」という語でひとくくりにされてしまっているのだ（このことが、実際の話しあいにおいてさまざまな混乱と困難を引き起こしているのではないか……というのが、筆者らの仮説である）。そこで本書では、両者を「討論」と「討議」の二つに分けて考えることを提唱したい。

まず、図の左下の**討論**（debate）だが、これは、優劣を競いあう話しあいである。したがって、ある論点に対して意見が対立していること、そしてそれぞれが自らの立場を固守することが必要となる。相手との差異を際立たせ、利点を強調し（その裏返しとして欠点は隠し）、説得と反論の応酬を繰り返すことになる。

たとえば、（やや奇妙な例だが）北海道からの代表者と沖縄からの代表者とがゼミ旅行の誘致合戦をしているとしよう。おそらく、ジャッジを下す第三者（たとえば、実際に旅行に行く学生たち）の存在なしに、双方のみで結

論を出す（勝ち負けを決める）ことは難しい。むしろ多くの場合、お互いに譲らず、物別れに終わることのほうが多いだろう。あるいは、一方が「論破」することにより勝敗が決したとしても、はたしてそこから、双方の間に豊かな関係性を築くことはできるだろうか。

しかしだからといって、このような話しあいが無益であるということはできない。「差異を際立たせ、利点を強調する」立論、そして相手の主張を退けるための反証を繰り返すという形式は、高度な知的営為である。一種の思考実験として、あるいは第三者が評価・判断を下す際の素材を提供する手段としては、非常に有効だろう。重要なのは、議会における党首討論、法廷における口頭弁論、あるいは教育における競技ディベートなどのように、「一定のルールのもとで行う」ということだ。

④ 合意形成をめざす「討議」

これに対し右上の**討議**（deliberation）は、合意形成を志向した話しあいである。いい換えれば、「よりよい決定を得ること」を目的としている。したがって、当然のことながら結論が必要である。たとえば、「ゼミ旅行の行き先を決める」話しあいは、このモードで行われることになる。

ここで「よりよい決定」というのは、二つの側面を有している。一方は「（結論それ自体の）妥当性」であり、どちらかというと客観的な「良さ」である。これに対してもう一方は「（結論に対する参加者の）納得度」であり、どちらかというと主観的な「良さ」である。もちろん、世の中には正解のない問題のほうが多いため、その結論が「正解である」とは限らない。そして、問題が複雑化すればするほど、全員が完全に納得できる解に到達することは非常に困難である。さらに、苦労して得られた結論も、あくまでも「暫定的」「部分的」なものにとどまることも多いだろう。しかし、それでもなお、より正しい（と思われる）情報に基づき、より多面的な検討がなされ、より多くの人が、より最良・最適に近いと感じられるような結論に到達することができたならば、それは「よりよい決定」であったといえるはずだ。

そして、参加者がみな、それぞれ自分の立場に固執していては、そのような結論を得ることは不可能である。したがって参加者には、他者の意見（立場、経験、価値観）を考慮に入れ、それぞれが自らの意見の「理由」を問い直す中で、柔軟に見解を見直していく姿勢が求められる。この点は、「対話」と同様である。しかし対話と異なるのは、あくまでも結論を出すことを志向しているという点である。そのため、最終的には評価・判断が求められることになる。おそらく、「審議」や「協議」といった語も、このような話しあいをイメージして用いられることが多いだろう。

優劣を競いあうことと、よりよい決定を得ることとは、まったく別である。「議論」という言葉は、ときにその違いを覆い隠してしまい、望まない帰結（たとえば、合意形成をめざしているはずなのに、自分の意見の正当化が目的となってしまい、非難と反論の応酬になってしまうなど）をもたらしてしまうかもしれない。この点に、十分な注意が必要だろう。

3 焦点を当てるのは「対話」と「討議」

次章では、話しあいがよりよいものとなるようファシリテーションする際の具体的な働きかけとその際の心構えを学んでいくのだが、その際の対象としては、図表1-1（↓22ページ）の右側、すなわち探究や発見を目的とした「対話」と、合意形成を目的とした「討議」の二つに焦点を当てることとしたい。

なぜ「討論」と「交渉」は除外するのか、その理由を簡単に述べておこう。まず討論は、「相手を打ち負かす」ことが目的という、きわめて特殊な話しあいの形態であるというのが最大の理由である。すでに述べたように、優劣を決するためには、ジャッジする第三者が必要であり、またジャッジなき討論は、しばしば関係を壊してしまう。したがって、積極的に後押しする必要性は低いといえるだろう。

そして交渉は、原則として「当事者として」「コンテンツを扱う」ケースが多いためである。「いかに自身の果実を最大化するか」に関心を向ける交渉は、「支援者として」「プロセスを扱う」ファシリテーションとは、基本的な立ち位置が異なるのである（ただし、序章で見た通り、大文字のFにおいては、交渉――特に協力的・創造的なそれ――は重要な働きかけとなる。この点については、第三章で改めて考えてみよう）。

私たちが追求するソーシャル・ファシリテーションは、人々の間に「相互の支えあいの関係」を育み、社会的課題の解決を図ることが目的となっている。その核となる話しあいは、対話と討議であるといえるだろう。

4「立場の可変性」を重視する

図表1-1の右側に焦点を当てて支援・促進するということは、話しあいに参加する人々の「立場の可変性」を重視するということに他ならない。みんなが「私はここから一歩も動かない」という態度でいるようでは、対話や討議になり得ない。それぞれが自身の見解を絶対視したり、立場に固執したりするのではなく、そ

れらは話しあいを通じて変わり得るものであり、さらにいえば、より深い探究や発見、より質の高い合意形成においては、むしろそれらが変わることが推奨される——そのような認識が参加者に共有されることが、話しあいのファシリテーションにおいては、大きなポイントとなるのだ。

お互いに言葉を交わし、少しずつ相手を理解していくこと。そして、それを通じて、お互いに「安心して思いや考えを言葉にできる」ような信頼関係を築いていくこと。それこそが、話しあいのファシリテーションの基本であるといえるだろう。次章では、そのための具体的な働きかけを、じっくりと学んでいこう。

第1章 まとめ

1 ファシリテーションは、**人と人との〈つながり〉や〈かかわり〉を後押しすること**と定義できる。

2 ファシリテーションにおいては、コンテンツを直接的に扱うのではなく、**プロセス**に意識を向け、プロセスに働きかけることが中心となる。

3 話しあいは、「立場が変わり得るか否か」「結論が求められるか否か」という二つの軸によって、**対話・交渉・討論・討議**の四つのモードに分類できる。

4 本書では、話しあいの四つのモードのうち、「ともに支えあうような関係性を育む」という観点から、立場の可変性を重視する**対話**と**討議**に焦点を当てる。

chapter 2

How to Facilitate a Talk

話しあいをファシリテーションする

第二章では、対話や討議をファシリテーションするための具体的な働きかけを、大きく二つのステップに分けて学んでいく。

まずは、話しあいが本題に入る前の「場づくり」である。前章で確認したように、話しあいの参加者が、自身の見解を絶対視したり、立場に固執したりしてしまうと、対話や討議は実現できない。そこで、一人ひとりの頑なさを解きほぐし、参加者の間に「やわらかい関係性」を育んでいく「場づくり」が必要になるのである。

その上で、話しあいが本題に入ってからの働きかけである「場のホールド」を考える。話がズレたり、かみあわなかったり、行き詰まったりすることを防ぐ（あるいは、そうなったときに軌道修正する）ことで、場をすこやかに保つための「後押し」の仕方である。

section

1

話しあいの場をつくる

まずは、参加者一人ひとりが「安心して思いや考えを言葉にできる場」をつくるための具体的な働きかけとして、「空間のデザイン」「オリエンテーション」「チェックイン」の三つをマスターしよう。

1 空間のデザイン：「しつらえ」を意識し、工夫する

最初に取り上げるのは、物理的な場のしつらえ、つまり「空間のデザイン」である。部屋の広さや明るさ、室温やBGMなどによって、なんとなく居心地がよかったり、悪かったり……ということは、誰もが経験しているだろう。物理的な場が人間に与える影響は、思っている以上に大きい。つまり、重要なのは「意識をして、工夫する」ということである。「なんとなく」というのは、無意識ということである。その「なんとなく」の理由を考え（たとえば「ちょっと暗いからかな」）、手を打つ（たとえば「ブラインドを上げてみよう」）。そういう小さなことの積み重ねが、「安心して思いや考えを言葉にできる場」をつくっていくのである。

ここでは特に、「フォーメーション」と「グループサイズ」の二つに焦点を当てて解説しよう。

①フォーメーション：机・椅子の配置を変える

フォーメーションとは、机や椅子をどのように配置するか、ということである。つまらないことのようだが、話しあいに大きな影響を与える。

机や椅子の配置においてもっとも重要なことは何か。すでに述べたように、「意識をして、工夫する」ことである。正解があるわけではない。「いま部屋がこうなっているから」と、場に自分たちを合わせるのではなく、自分たちに場を合わせること、つまり「動かせるものは動かす、その一手間を惜しまない」ことが大切なのだ。

たとえば、一対一で人と接するとき。正面から向きあうとして、間にテーブルがあるのとないのとでは「感じ」が違うだろう。距離によってもその「感じ」は異なる。正面から向きあうのではなく、テーブルの隣接する辺に沿って（直角になるように）座ったとしたらどうだろう（下図右）。ソファーやカウンターに横並び（下図左）では？　ぜひその違いを試して、体感してほしい。

これは、人数が多くなっても同じである。たとえば、比較的フォーマルな会議でよく見られる「ロの字形」の座席配置をベースにするとして、どのようにアレンジできるだろうか。

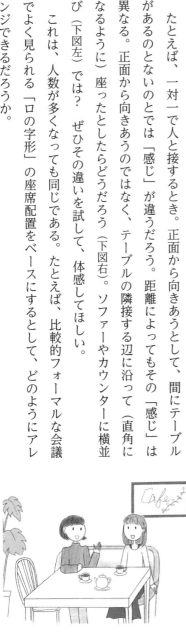

図表2-1のAは八人、Bは一二人の「ロの字形」の例である。まずはAを見てみよう。最初は長方形だが、なんとなく距離を感じさせる。そこで正方形に組み直してみると、心理的に距離が近くなったように感じられる。さらに四五度回転させて、部屋の辺と机の辺とをずらすと、上座・下座の関係がぼやけて、対等な雰囲気を醸し出すことができる。そして、机を一台外して、三台の机で大きなテーブルをつくり、それを囲むように座ると、親密さが一気に高まる。

Bは、人数が増えたこともあり、横並びの人が増えることでお互いの顔が見えにくくなっている。そこで机を六角形に組み合わせてみると、お互いの顔がよく見えるようになった。しかし今度は距離が感じられる。その場合、思い切って机を取り払って、椅子のみで円になることも考えられるかもしれない。昔から「車座になる」とか「円陣を組む」といわれるように、円は人間関係における一つの基本の形なのだ。

どれが正解というわけではない。どのような場をつくりたいかによって、柔軟に動かしてみよう。

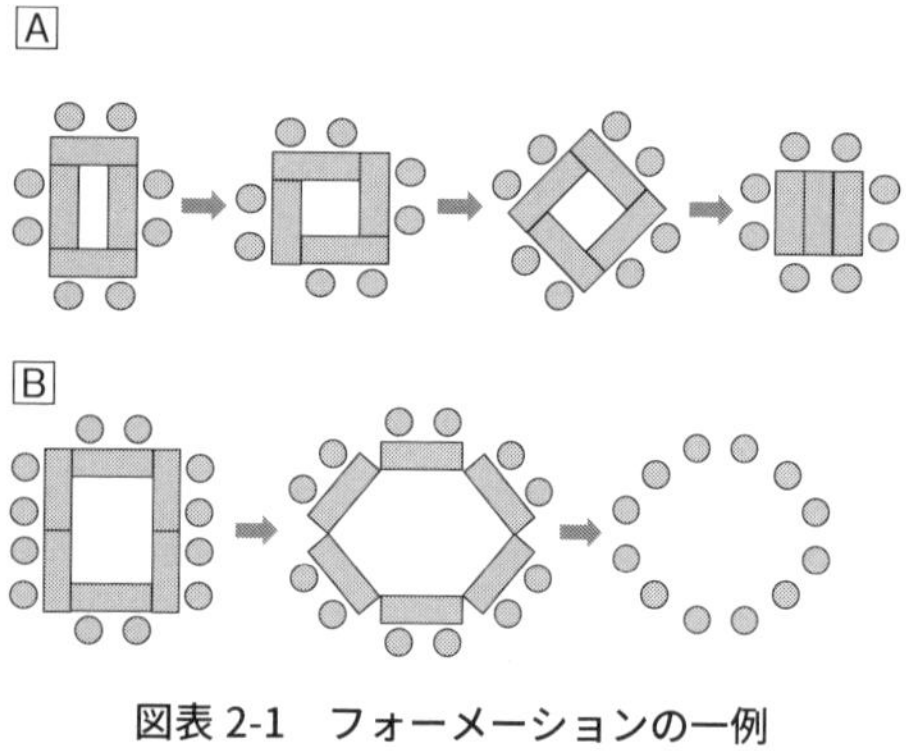

図表2-1　フォーメーションの一例

②グループサイズ：話しあう人数を変える

グループサイズとは、話しあう人数である。最初から最後まで、常に「全員で」話しあわなければならないというのは、単なる思い込みである。しばしば「意見が出ない」とか「特定の人に発言が偏る」という悩みを耳にするが、いずれも原因の一端は「人数が多い」ことにある。「大勢の前では発言しづらい」という人は多い。シーンとしてしまうのも無理はないだろう。一方、臆せずに発言できる人や、頑張って口を開いてくれる人もいるかもしれない。しかし時間には限りがあるため、結果として「いつもの人しか発言してなかったね」となってしまうのだ。

よって、この「全員で話しあわなければならない」という思い込みを打破すれば、すなわち「近くの三人で二分程度」とか「五人ずつのグループに分かれて一五分程度」などのように、話しあいの途中で、少人数で話す時間を設ければ、それらの悩みは解消するのだ。

なお、グループサイズには「一人」も含まれる。一人で考える時間をとる、一人で書き出す時間をとる。これも立派な「グループサイズの変更」である。休憩も含めた「一人の時間」は大きな意味を持つ。

一人で考える、ペアやトリオでしっかりと聴きあう、小グループで話しあう、全体で共有するなど、グループサイズを変えることで、限られた時間の中でも充実感の得られる話しあいの場をつくることができるだろう。

2 オリエンテーション：話しあいを方向づける

場づくりの二つめは、オリエンテーションである。オリエンテーションという言葉は誰もが耳にしているだろうが、「その意味は？」と問われたら答えられるだろうか？　「えーっと……最初にやるヤツですよね」などと、意外とよく分からないまま用いていることが明らかになったりするものだ。

オリエンテーションとは、実は「オリエント」や「オリエンタル」と同じ、「太陽が昇る方角＝東」に関連する言葉であり、原義は「東を向くこと」である。ヨーロッパで古くから、教会を建てる際に祭壇が東側に位置するようにしていたことに由来し、つまりは「方向づけ」という意味である。

何をするにしても、方向づけは重要である。話しあいにおいても、「何を、どこまで、どのように話しあうのか」を事前に考え抜き、冒頭で参加者に提案することで、方向づけを行う必要があるのだ。

筆者らがよく用いるのは、デビッド・シベットが考案した「ＯＡＲＲ」によるオリエンテーションである（中野 二〇〇三）。ＯＡＲＲとは、Outcome（アウトカム：どのような状態をめざすのか）、Agenda（アジェンダ：どのような手順で進めるのか）、Role（ロール：誰が、どのような役割を担うのか）、Rule（ルール：どのようなことを意識したいのか）の頭文字をとったもので、この四つの要素を明確にし、共有することによって方向づけが可能になるという考え方だ。

ちなみにこのＯＡＲＲは、ボートを漕ぐオール（oar）に掛けている。誰か一人のエンジンで進んでいくのではなく、参加者全員がオールを持って漕いでいく。そのようなニュアンスも込められているのである。オリエンテーションの有無こそが、対話や討議を、とりとめのないおしゃべりで終わってしまったり、説得と反論の応酬になってしまったり……といった場にしないための、最初の大きな分岐点であるといえるだろう。多様な人が集う場で、その多様性を活かしつつも、テーマに沿った探究・発見や、納得度の高い合意形成をめざすには、適切に方向づけをする必要があるのだ。

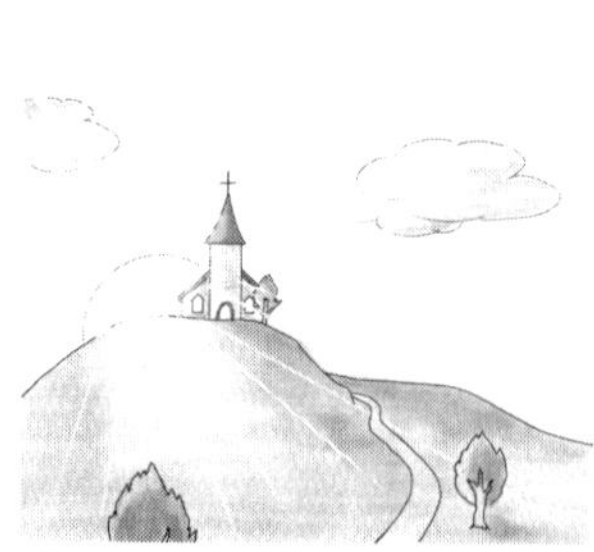

実際のオリエンテーションの例を見てみよう。図表2-2は、ある地域の人々が自らの地域における高齢者福祉について考える対話の場で、筆者が提案したＯＡＲＲである。Outcomeとして、会議が終わったときにみんなで得たい「状態」を示している。Agendaは、大きく四つのステップで進んでいくことを表しており、Roleでは、その部屋にいるすべての人に役割があることを伝えている（ちなみに表中の「かえるくん」とは、筆者（徳田）のニックネームである）。そしてRuleとして、話すことと聴くことのバランスをとるよう呼びかけている。このようなＯＡＲＲを、事前に主催者と綿密に打ち合わせをして明確にし、冒頭で参加者に提案・共有するとともに、常に見えるように掲示しておく。それにより、しっかりと方向づけを行うのだ。

なお、対話の場合は、ＯはOutcomeのみだが、結論が求められる討議の場合は、Outcomeに加えてOutput（アウトプット：どこまで話しあうのか＝成果物は何か）も必要となる。いわば、話しあいの「ゴール」である。一般的な会議では、しばしば議題が「〇〇について」と記されていることが多いが、これでは「テーマ」しか分からない。テーマしか分からないと、何をどう考えて発言すればよいのかが曖昧であり、その

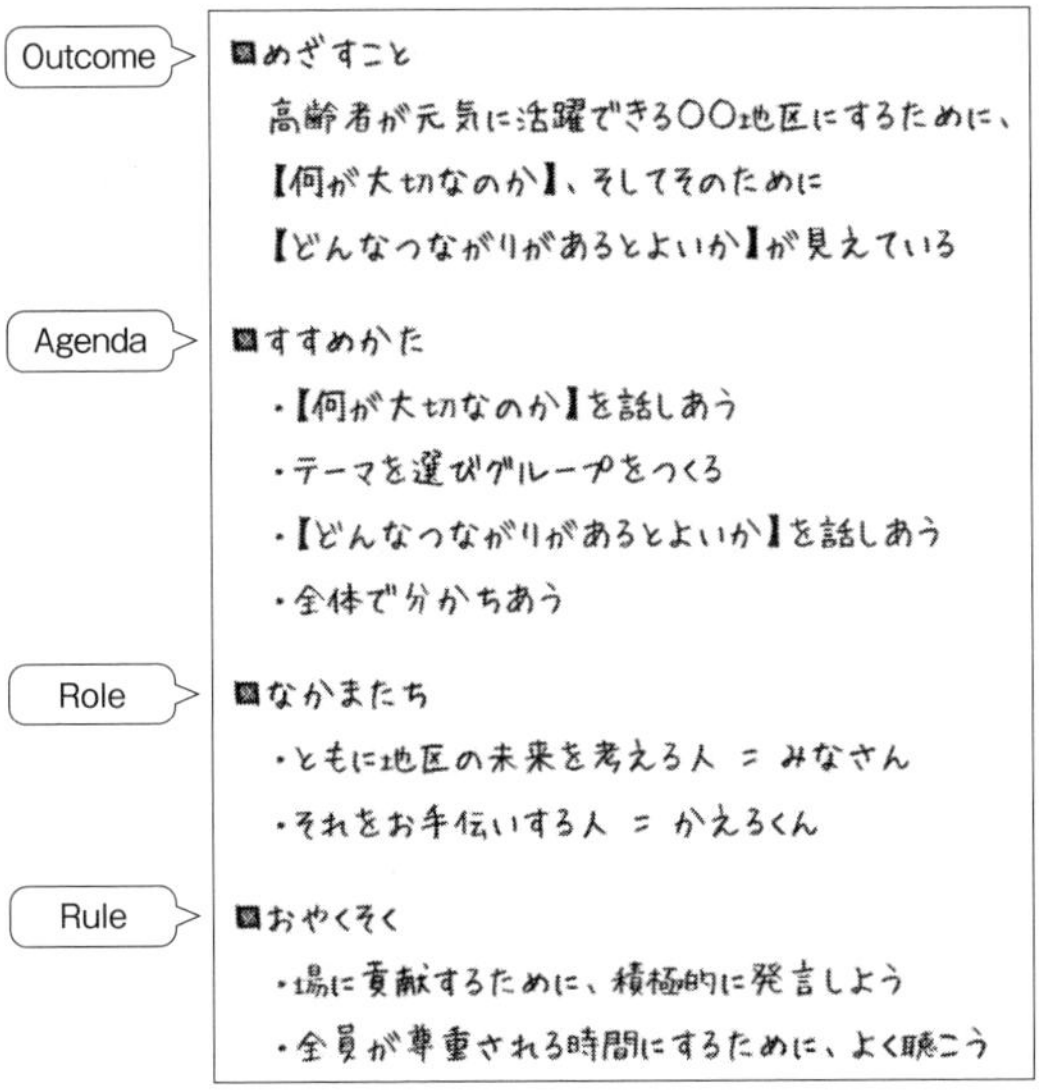
Outcome
■めざすこと
高齢者が元気に活躍できる〇〇地区にするために、
【何が大切なのか】、そしてそのために
【どんなつながりがあるとよいか】が見えている
Agenda
■すすめかた
・【何が大切なのか】を話しあう
・テーマを選びグループをつくる
・【どんなつながりがあるとよいか】を話しあう
・全体で分かちあう
Role
■なかまたち
・ともに地区の未来を考える人 ＝ みなさん
・それをお手伝いする人 ＝ かえるくん
Rule
■おやくそく
・場に貢献するために、積極的に発言しよう
・全員が尊重される時間にするために、よく聴こう

図表 2-2　オリエンテーションの一例

結果として意見が得られなかったり、「本当に考えたいこと」から話題がズレていってしまったりする。いわば、討議をダメにする「諸悪の根源」が、この「○○について」という議題設定なのだ。

ではどうすればよいか。テーマに加えてゴールも、すなわち「○○を□□する」と記すことで、「どこまで話しあうのか」、逆にいえば「どうなればこの話しあいは終わったといえるのか」が分かるようにすればよいのだ。これがOutputだ。たとえば、「ゼミ旅行について」ではテーマしか分からないが、「ゼミ旅行のスケジュールを決定する」とすれば、何をどう考えて発言すればよいのかが明確となる。なお、この話しあいのOutcomeとしては、たとえば「(スケジュールが決定したことで)ゼミ旅行がますます楽しみになっている」などが考えられるだろう。仮にスケジュールが決まった(Outputは達成した)としても、それが誰かの「鶴の一声」であったり、強引な多数決であったりして、納得感が得られていない場合、Outcomeは未達ということになる。Outcomeは、その話しあいの成否を判断する指標ともなるのだ。

3 チェックイン：最初に「一人一言」の時間をとる

リラックスした場をつくるために、簡単にできて効果が大きいのが**チェックイン**だ。話しあいの最初に、近況やいまの気持ち、話しあいへの期待などに関する「一人一言」の時間を設け、お互いに声を聴きあうということである。一度口を開くと、その後も発言しやすくなる。ウォーミングアップのようなものとして捉えればよいだろう。ワークショップなどでは、参加者の緊張をほぐすために、アイスブレイクと呼ばれるちょっとしたワークやゲームを行うことがあるが、チェックインはその一種として考えることもできる。

チェックインは、自己紹介とは似て非なるものである。自己紹介となると、どうしても所属や立場などの「肩書き」が前面に出てしまう。また、初対面の人がいない場で自己紹介をするのは滑稽だろう。しかしチェックインは、あくまでも名前に加えて一言だけ、「ちょっと緊張しています」とか「いろいろな意見が聴けることを楽しみに来ました」といったそれぞれの思いを伝えあう時間である。空港やホテルのチェックインと同じ「手続き」のようなものであると考えればよいだろう。したがって、同じメンバーで回数を重ねているような話しあいであっても、毎回行うことができるのだ。

チェックインは、ファシリテーターにとっても大きな意味を持つ。参加者がどのような状態にあり、何を期待しているのかが把握できるからである。それに合わせて内容や進め方をアレンジすることで、より「参加者が主役」の場にすることができるだろう。

チェックインで始まった話しあいは、**チェックアウト**で終わる（↓56ページも参照）。改めて名前と感想などを一言ずつ伝えあうことで、話しあいの中で得たものや、メンバー一人ひとりの貢献を確認することができ、お互いに充実感を得ることができるはずだ。

section

2

話しあいの場をホールドする

「空間のデザイン」「オリエンテーション」「チェックイン」の三つで、無事に話しあいの土俵は整った。それでは、話しあいが本題に入ってからは、どのような働きかけが有効となるのだろうか。

大切なのは、ファシリテーターはあくまでも「後押し」をする立場であり、主役は参加者であるということだ。ファシリテーターの介入は、少ないに越したことはない。そのような意味で、筆者らは「場をホールドする」という表現を選んだ。「ホールド」という語には、二つのイメージが込められている。一つは、自らもその場の中にありつつ、同時にその場をやわらかく包んでいるようなイメージ。そしてもう一つは、馬に乗る人が常に手綱をやわらかく握り続けているように、決して「手放さない」イメージである。めざすべき方向から大きくそれそうになったら、少しだけ手綱を引く。そのように、最小限の働きかけをもって、場をすこやかに保つことが、話しあいのファシリテーションの基本である。

そのような「最小限の働きかけ」として、対話においても、討議においても等しく有効なのが、「問うこと（発問）」と「書くこと（可視化）」である。まずは、この二つをしっかりとマスターしよう。その上で、アイデアを生み出し、そこから新たな意味を見出していく「発散～集約」の流れや、合意形成において必要となる「意見の吟味」を促す方法、そして、話しあいを次に活かす「橋渡し」の技術も確認したい。

1 発問：「答え」ではなく「問い」を考える

探究や発見を目的とする対話にせよ、合意形成を目的とする討議にせよ、考えたり決めたりするのは、ファシリテーターではなく参加者である。ファシリテーターには、「答え」を考えることではなく、みんなが考えやすくなるような「問い」を考え、発すること（**発問**）が求められるのだ。なお、参加者に問いかけることは、当然のことながら参加者からの発言を受け止めること（傾聴）とセットになるが、傾聴については第三章第二節3（↓81ページ）を参照してほしい。

ここでいう「問い」には、二つの種類がある。一つは「テーマとしての問い」、もう一つは「考えを深める／広げる問い」である。前者を「大きな問い」、後者を「小さな問い」と呼び換えてもよいだろう。

①テーマとしての「問い」

まずは「大きな問い」、すなわち最初に掲げるテーマとしての「問い」である。

「○○について」「□□の件」、あるいは体言止めや箇条書き。これでは、何を考えればよいのかはっきりとしない。何を考えればよいのか分からなければ、脳のエンジンがかからない。そこで、考えたいテーマを「問い」の形で表してみる。たとえば、「楽しいゼミ旅行」と体言止めにするのではなく、「ゼミ旅行を最高に楽しいものにするためには？」などと、問いの形で表現する。これだけで、多くの人の頭が動き出すはずだ。

ただしこのとき、ちょっとしたコツがある。問いの内容が「どうあるべきか？」のようないわゆる「べき論」になってしまうと、途端に脳の回転が鈍ってしまうのだ。抽象度が高いと、どうしても一般的・教科書的な話になってしまう。最終的に「どうあるべきか？」を考えたいとしても、最初からこれをぶつけるのは得策ではない。このようなときは、「階段ステップアップ法」がおすすめ

である。まずは具体的に考えられるよう、個人的な体験からスタートして、徐々に抽象度の階段を登っていくのである。

たとえば、「チームワークはどうあるべきか？」を考えたいとしても、それは最上階の話。まずは、「これまでにチームワークを感じた体験は？」のように、自分自身の経験から語れるようにすることが大切である。その上で、「そのチームワークが生まれた要因は？」「その要因を継続的に実現するにはどうすればよい？」という形で、一段ずつ最上階に近づいていけばよいのだ。

② 考えを深める／広げる「問い」

次に「小さな問い」、すなわちテーマを提示した後の、メンバーに対する「問いかけ」のフレーズを考えてみよう。

多くの場合、「いかがですか？」「どうでしょう？」などのように、漠然とした問いになってはいないだろうか？　これらは、「問い」を投げかける側は何も考えておらず、相手に対してのみ一所懸命考えることを求めている――という状態である。問いを発する側も手を抜かずに、少しは頭を使ってみてもよいのではないだろうか。つまり、メンバーの思考を深めたり、広げたりするための工夫をしてみる、ということである。

小さな問いには、図表2-3のように、考えを深めるための「タテの問い」と、考えを広げるための「ヨコの問い」がある。

深めるための「タテの問い」とは、一つの意見に対し、その意見の手前（原因・目的・根拠など）やその先

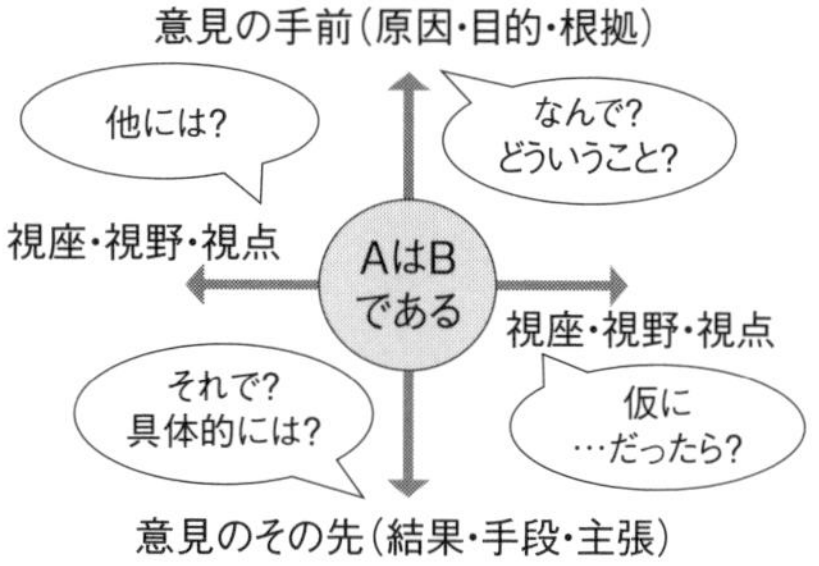

図表 2-3　タテの問い・ヨコの問い

（結果・手段・主張など）を問うものである。「なんで？」「何のために？」「それって、どういうこと？」とその意見の手前を掘り下げたり、「それで？」「どうやって？」「具体的には？」と意見のその先を掘り下げたりすることで、一つの意見をベースに深く考えることができるようになる。

一方の、広げるための「ヨコの問い」とは、異なる視点からの意見を求めるための問いである。「他には？」「仮に……だったら？」という問いを投げかけることで、多面的にものごとを考えることが可能となる（なお、視点の変え方については、この後の「意見の吟味」の項目において詳しく扱う）。

ただしこれらの問いは、「投げ方」に注意が必要である。たとえるなら、特定の個人にボールを鋭く投げるのではなく、その場の全員に投網をふわりと投げるイメージである。時折、ファシリテーターが順番に質問をし、参加者が順番に（ファシリテーターに対して）回答するような場になってしまうことがあるが、「参加者同士のやり取り」を促進するのがファシリテーターの役割だ、ということを忘れないようにしたい。また、特にタテの問いは、受け手にとっては、ときに追及されているように感じてしまうこともある。口調にも気を配りながら、あくまでも「みんなで考えるための問い」として投げかけることが重要である。

2 可視化：書きながら、見ながら話しあう

特定のテーマ（問い）に沿ってスタートしたはずの話しあいも、気がつくとテーマからズレていたり、お互いに話がかみあわなかったり……という現象に悩まされるのが常だ。なぜ私たちの話しあいは、ズレたりかみあわなかったりするのだろう。理由は至ってシンプルで、「言葉というものが、口から出た瞬間に消えてしまうから」である。一瞬で消えてしまうものを、ズレないようにしたり、かみあうようにしたりするのは、至難の業である。ではどうするか。対応策もシンプル、「消えないようにする」だけである。**可視化**（見える化）によって、テーマへの集中や、相互の理解を促すことができるのだ。

①何を可視化するのか？：「記録」との違い

具体的には、二つの可視化がある。一つは、「何を話しあうのか」というテーマ（問い）の可視化である。要は、テーマをみんなに見えるように大きく紙に書いて張り出したり、プロジェクタで投影したりするだけである。小グループに分かれて話しあう際には、上記に加えて、問いを記したA４サイズの紙を各グループに配り、テーブルの真ん中に置いて話しあうようにしてもらうこともある。

もう一つは、「どう話しあわれているのか」、つまり、一人ひとりの発言の可視化である。ホワイトボードや黒板を使ったり、テーブルにA３サイズの白紙や模造紙を拡げたりして、出てきた意見を水性マーカーでどんどん書いていくのだ（油性だと、裏写りしてしまうことがあるため、水性マーカーがよい）。

ここで重要なのは、「記録」と「可視化」は別である、ということだ。記録は、話しあった「結果」をまとめるものであり、かつそれは、話しあった「後」で必要となるものである。それに対し「可視化」は、話しあいの「最中」で必要となるものである。書きながら、そしてそれを見ながら話しあうからこそ、かみあいやすくなり、ズレにくくなり、ズレても戻りやすくなり、まとまりやすくなるのである。

②どう可視化するのか？：基本は「とにかく書く」こと

可視化の方法を、もう少し具体的に見ていこう。ポイントは、「みんなの見えるところに」「みんなに見えるように」「リアルタイムで」書くということである。

まずは、「みんなの見えるところに」書くということ。繰り返しになるが、「可視化」は「記録」ではない。一人ひとりが手元でメモをとるのではなく、誰か一人が書記役となり、みんなの見えるところに書くのだ。ホワイトボードや模造紙を積極的に活用しよう。

次に、「みんなに見えるように」書くということ。自分のメモではなく、みんなのメモにするためには、ある程度の太さと大きさが必要である。テーブルの上に紙を拡げても、ボールペンや鉛筆で小さな字を連ねているのでは、あまり意味がない。水性マーカーで書くようにしよう。また、せっかくマーカーを使っても、淡い色（黄色や水色）では、ちょっと離れた人にとっては非常に見にくいものとなってしまう。「(自分ではなく）みんなに見えるかどうか」を考えて、ペン

を選ぶようにしよう。

そして最後に、「リアルタイムで」書くということ。極端ないい方をすれば、「決まったことを書くのではなく、決めるために書く」ということだ。結論を出すために書くのだから、決まってから書いたのでは遅い。個々の発言をどんどん書いていくからこそ、決まりやすくなるのだ。

③可視化の三つのコツ：短文で書く、理由も書く、復唱しながら書く

このときにちょっとしたコツとなるのが、「単語（あるいは箇条書きや体言止め）ではなく、短文で書く」こと、「意見だけでなく、その『理由』もあわせて書く」こと、「復唱・確認しながら書く」ことの三点である。

まずは、「短文で書く」こと。単語だけ、たとえば「コミュニケーション」と書かれているだけでは、「コミュニケーションが、……何だったっけ？」「コミュニケーションを、……どうするんだっけ？」となってしまう。全員が発言の趣旨をきちんと把握できるように、「○○が□□だ」「○○を□□する」などのような短文で書くように心がけよう。

次に、「理由も書く」こと。後に確認するように、特に討議においては、「相互に理由を検討すること」が大きなポイントとなる。「北海道に行きたい」という結論だけを書くのではなく、なぜその人は北海道に行きたいと考えているのか、その理由の部分も併せて書くようにすることが、後に大きな利点をもたらす。特に、付箋を使った話しあいでは、「貼られた付箋を見ながら語られていること」の可視化を忘れがちだ。どんどん追記することを意識しよう。

そして、「復唱・確認しながら書く」こと。「なるほど、雄大な景色が見たいから北海道がよいということですね」などのように、その人の発言のポイントを復唱して書くようにする。こうすれば、誤ったことを書いてしまうリスクも避けられる。なお、進行役と書記役を手分けしている場合は、進行役が復唱・確認して、それを書記役が書くようにすれば、書記役は「頭で考える（理解して、要約する）」必要がなくなり、かなり負担が軽減できるだろう。

図表2-4は、実際の可視化の例である。これまでの説明とあわせ、イメージをつかんでほしい。

ところで、「書きながら話しあう」というと、必ず寄せられる質問が「書記役が話に追いつかないときはどうすればよいのか」というものである。書くスピードは話すスピードを下回るため、追いつかないのが当然である。したがって、待ってもらえばよいのだ。「ちょっと待って」と言うのは勇気がいるかもしれない。しかし、「話されているのに書かない」（＝飛ばしてしまう）あるいは「話されていないことが書かれる」（＝誤ったことを書いてしまう）よりは害が少ない。そもそも、書いているのを待つ間も、人は考えることができる。「いいたいこと」をまとめる時間になったり、それまで発言できなかった人が

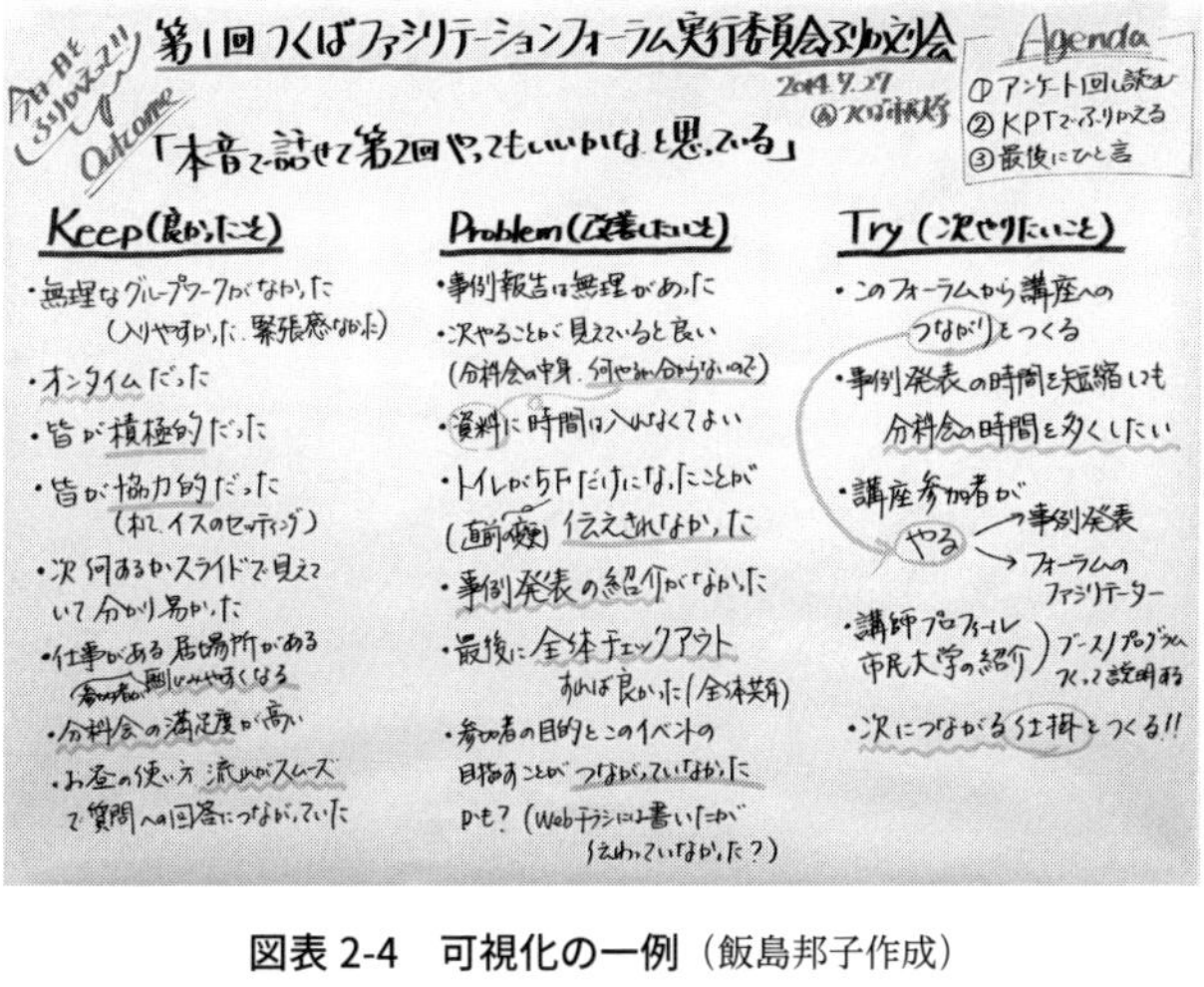

図表 2-4　可視化の一例（飯島邦子作成）

発言できるきっかけになったりすることもあると、ポジティブに考えてみよう。

3 アイデアの発散～集約を促す

討議、すなわち合意形成をめざす話しあいにおいては、ある程度基本の流れがある。まずは、テーマに関して多面的にアイデアを出しあう。そして、得られたアイデアをゆるやかにまとめていき、最後に、それらを吟味することで、みんなが納得できる結論を得る。もちろん、他にもさまざまなパターンがあるが、おおむねこのような段階を経ていくことが多いだろう。そこでこの項では、アイデアを出しあう「発散」と、それらをまとめる「集約」のステップをどのように支援・促進するかを学ぼう。

①アイデアの発散を促す

みんなが納得できる結論を得るためには、まずはその場にいる全員が、それぞれの思いや考えを存分に「出し尽くす」必要がある。そのためにしばしば用いられる手法が、「**ブレインストーミング**」という手法である。ブレインは脳。ストームは嵐。つまり、脳内で嵐が起こって、アイデアがどんどん出てくるイメージだ。しかしここで重要なのは、一人の脳内で嵐が起こるだけではない、という点である。大切なのは、その場にいる全員の脳が直列でつながった、大きな脳の中で嵐が起こること――つまり、お互いに触発しあい、刺激しあう「相互作用」によって、アイデアがどんどん出てくることだ。

そのため、たとえば「では、今から付箋を配ります。三分間で、アイデアをどんどん書いてください」「三分経過しました。集めます……いろいろありますね。どれがいいですか?」という進め方では、ブレインストーミングにはならない。三分間、個人の脳内では嵐が起きていたかもしれないが、相互作用が一切存在しないためである。もしそのような進め方をするのであれば、三分間の個人作業の後、他の人のアイデアに触れることで、どれだけ付箋が増えるかという点がポイントになるだろう。

つまり、アイデア出しにおいては、「たし算」ではなく「かけ算」にすることが、極めて重要となる。そのため、ブレインストーミングを考案したアレックス・F・オズボーンは、相互作用を実現するための四つのルールもあわせて提唱している。

・評価保留：どんなアイデアも、他のアイデアのアシスト役になり得る。評価・判断・批判は後回しにする。
・自由奔放：突飛なアイデアこそ、視点を変えるきっかけとなる。まずはあらゆる制約を取り払って考える。
・質より量：組み合わせることで、独創性のあるアイデアに結びつく。最初から良いアイデアをめざさない。
・結合発展：連想ゲームこそ、相互作用の醍醐味。アイデアの枝を伸ばしたり、違う幹を足したりしていく。

この四つのルールを確認した上で、どんどんアイデアを出してもらおう。そして、出てきたアイデアは、必ず書き留めることで可視化する。他のアイデアに触発・刺激されて次のアイデアが生まれるように、「みんなの見えるところに」書くことが重要だ(→45ページ)。

このあとの「集約」のステップでは、一つひとつのアイデアが付箋に書かれている状態が望ましい。したがって、①参加者に付箋に書いてもらったアイデアを、声に出して読みながら模造紙等に貼っていく、②参加者が発言したアイデアを、ファシリテーターが付箋に書きながら模造紙等に貼っていく、③参加者が発言したアイデアを、ファシリテーターが模造紙等に書いていき、後ほど手分けして付箋に書き写す、といった方法がある。いろいろ試してみよう。

②アイデアの集約を促す

アイデアが出尽くしたら、似たもの同士を集める「**グルーピング**」を行う。ここで注意が必要なのは、「分ける（整理・分類する）」という発想ではなく、あくまでも「似たものを集める」ということである。というのも、後ほどそれぞれのグループに「見出し」をつけることになるが、「分ける」という発想だと、アイデア出しの結果を示す見出しが「問いに対する答え」とならなくなってしまうからである。

たとえば、「高齢者が元気に活躍できる○○地区にするには?」という問いでアイデア出しをしたのであれば、その結果は、問いに対する答え、すなわち「□□を△△する」などの形になるはずである。ところが、「集める」ではなく「分ける」という発想で整理・分類すると、どうしても見出しが「ハード」「ソフト」とか、「医療」「福祉」「介護」といったカテゴリになってしまう。さらには、うまく分類できないアイデアを「その他」の中に押し込めてしまう。これでは、せっかく具体的にアイデアを考えた意味がなくなってしまう。

したがって、一つひとつの付箋がどういう意味を持っているのか、声に出してみんなで確認しながら、愚直に似たものを近くに寄せていくことが大切である。そして、「似たものを集める」以上、一つのグループを構成する付箋は数枚にとどまるはずである（グループが大きくなるのは「似ていない」アイデアが混在している証拠だ）。小さく、小さくまとめていこう。そして、「その他」というグループはあり得ない。他に似たものがないということは、独自の貴重なアイデアだということだ。

ある程度グループができたら、やはり問いに対する答えとなるような形で、一つひとつのグループに見出しをつけていく。「このグループは、要は、□□を△△するってことだよね」という要領で、問いに対する答えの形で、単語ではなく短文で書くようにする。

時間のかかる作業ではあるが、丁寧に行っていこう。それにより、みんなのアイデアが集約された「アイデア集」ができるはずだ。

4 「意見の吟味」を促す

合意形成のためには、アイデア出しの段階では保留していた意見の評価・判断、いい換えれば「意見の吟味」が求められる。では、どうすれば参加者が相互に「意見を吟味しあう」ことを後押しできるのだろうか。

まずしっかりと押さえておきたいのは、意見を評価・判断するのも、最終的な結論へと取りまとめるのも、主役は参加者であるということである。ファシリテーターはあくまでも、「考えやすくする」「決めやすくする」のが役割である。

このことを前提に、基本的な働きかけを、五つにまとめてみよう。

①「おさらい」を促す

意見が出尽くしたら、まずは「そもそも、この話しあいで何をしようとしていたのか」「（それを受けて）ここまでの話しあいがどのように進んできたか」「（それを受けて）どのようなアイデアが得られているのか」を振り返ることが、もっとも大切な働きかけとなる。そしてこれができるのは、「可視化」がなされていればこそである。書いてあるものを最大限に活用して、自分たちの話しあいのおさらいをする。それだけで、「やっぱり、これだね」という形で、全員が納得できる結論を見出すことができる可能性もある。

②「理由」に着目することを促す

おさらいをすることで、見解の相違が明らかになることもある。それ自体は、まったく悪いことではない。複数の人がいれば、意見が違って当たり前。むしろ、違うからこそ、話しあう価値があるのだ。「違い」を活かすことで、よりよい結論に到達することこそ、話しあいの醍醐味である。

すでに何度も繰り返しているように、討議においては、自分の立場への固執が敵となる。お互いを理解し、ともに納得できる「最良の結論」へと歩んでいくためには、相互に「なぜ、（自分と意見の異なる）相手は、そう考えているのか」を理解する必要がある。そう、これこそが「理由の検討」である（ここで、可視化における「意見だけでなく、その『理由』もあわせて書く」という留意点が活きることになる）。

まず理解すべきなのが、意見の相違の原因として、「先入観の存在」や「価値観の相違」があり得るということである。先入観とは、平たくいえば「思い込み」である。自分自身に対する思い込み、相手やものごとに対する思い込みは、誰もが有している。そして、価値観、すなわち「何を大切にするか」という判断、ものごとに対する優先順位づけの体系は、一人ひとり異なっている。この「先入観の存在」や「価値観の相違」は、良い悪いではなく、事実であり、前提なのだ。

だから、ファシリテーターは、「なぜ、その主張なのか」という、お互いの有している文脈や背景を、しっかりとテーブルに載せていくことが必要となる。「理由」を相互に理解し、共有することで、「私が、私が」という競争的アプローチから、「私たちが」という共創的アプローチへと移行していく可能性が開けるだろう。

③「視点」を変えることを促す

「先入観の存在」や「価値観の相違」があるということは、たとえるならば、みんな違う色のレンズを通してものごとを見ている、ということである。その中で、どのようにして「私たちが」というアプローチが可能となるだろうか。

違いを活かすという観点からは、「メガネを掛け替える」のがよいだろう。Aさんは赤、Bさんは青、Cさんは緑のレンズを通して見ている状態から、いったん全員が赤レンズのメガネを掛け、次に全員が青を、さらに全員が緑のレンズのメガネを掛けてみる――という状態へと変えてみるのだ。つまり、「視点を変えるような問いを投げかける」ということである。

一口に視点といってもいろいろある。まずは「視座（Position）」。耳慣れない言葉だが、私たちが「視点を変える」というときには、だいたい「視座を変える」という意味であることが多い。すなわち、「どの角度から」あるいは「誰の立場から」見るかということである。次に「視野（Perspective）」。「どの距離から」あるいは「どの範囲を」見るかということだ。空間軸を変えることもできるし、時間軸を変えることもできる。そして、文字通りの「視点（Point of view）」。「何に焦点を当て」「どこを」見るかということである。

このように、視点の変え方はさまざまである。いろいろな見方をすることで、「自分の立場」を離れて、より包括的に、あるいは俯瞰的にものごとを見ることができるようになるのだ。

④「判断基準」に焦点を当てるよう促す

それでも、アイデアがいくつかに絞り込まれると、思わず熱くなってしまうもの。そこで留意したいことが二つある。一つは、「『案』ではなく『軸』に焦点を当てる」ということである。「視点を変える」のが「メガネ」の話であるとすれば、こちらは「モノサシ」の話だ。

複数の選択肢を前にすると、私たちはすぐに「どの意見がよいか」を考えてしまう。しかしそうではなく、「何を大切に決めるか」という判断基準に意識を向けるようにするのだ。

判断基準、いい換えれば「軸」は、複数あるのがふつうである（必要性、実現性、効率性、有効性、優先性、汎用性、持続性、発展性、独自性、話題性、適法性、公平性など）。したがって、案がある程度出そろったら、今度は「どのような点を重視して

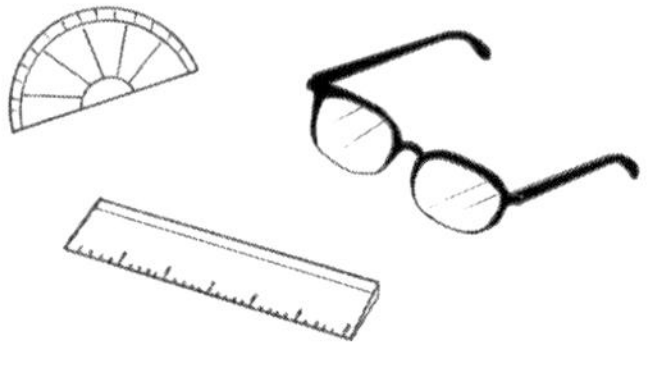

決定すればよいでしょうか?」などと問いかけ、軸を出してもらう。そして軸が出そろったら、「どの基準を、どの程度重視しましょうか?」と呼びかける。そのようにして決定した判断基準に、個々の案を当てはめ、絞り込んでいけばよいのだ。

そしてもう一つ留意したいのが、「二者択一の罠に陥らないようにする」ことである。たとえば、A案とB案のどちらにするか、検討を行っているとする。このようなとき、議論が熱を帯びれば帯びるほど、「Aか、Bか」だけに意識が集中してしまうものだ。しかし、本来は「Aも、Bも」という選択肢や、あるいは「AでもBでもなく、C」という第三の選択肢もあるはずである。そのような柔軟な発想を促すためには、空気を変えることが有効となる。「ちょっと休憩してみましょうか」とか、「もう一度、話しあいの出発点を確認してみましょうか」などと呼びかけるのもよいだろう。

⑤「投票」も一つの選択肢と考える

単純な多数決は避けたいところだが、投票を活用することは可能である。つまり、「決定するための投票」ではなく、「傾向を見るための投票」と考えるのだ。

このときにおすすめしたいのが、「ボルダルール」の活用である。ボルダルールとは、投票者がすべてのアイデアに対して、よいと思う順に点数をつけ(たとえばアイデアが七つあれば、一番よいと思うアイデアに七点、二番めのものに六点……と点数をつけ)、総得点が高いアイデアを採用するという投票方法である(なお「ボルダ」とは、この方法を考案した人の名前である)。通常の(一人一票の)多数決では評価されない二位以下の得点も考慮されることとなり、より多くの人からの評価を集めたアイデアが選ばれるというメリットがある。すなわち、「多数派に好まれるアイデア」ではなく、「幅広い人が受け入れ可能なアイデア」を選ぶことができる（すなわち「満場一致」にもっとも近い）方法として評価されている。

この考え方を応用し、たとえば全員に丸シールを六片ずつ配り、一位のアイデアに三片、二位に二片、三位に一片を貼る形で投票してもらうのだ。そして、その分布を眺めながらさらに「理由の検討」を行う。これを何度か繰り返すことで、納得度の高い合意が得られることが多い。

このように、吟味のための働きかけはいろいろ考えられる。ファシリテーターには、場と状況に応じた適切な「後押し」が求められるのだ。

5 行動への橋渡しを促す

序章でも確認した通り、話しあい自体が目的であるというケースは稀である。私たちは多くの場合、何かを実行したり、変えたりするために話しあいを行っているのであり、いわば話しあいの「その先」が重要となる。したがって、話しあいを終える際には、しっかりと「次のアクション」へと橋渡しすることが求められる。

考えを深めたり、気づきを得たりすることが目的の「対話」の場合は、一人ひとりが対話で得たものを各自で活かしてもらえればよいのであり、行動への橋渡しは、極めてゆるやかなものとなる。対話の最後に、振返りの時間を設けるなどが望ましいのではないだろうか。対話を通じて何を得たのか、各自が体験を改めて味わう時間をとることで、学びを最大化することができる。その振り返りをチェックアウト（↓39ページ）で共有して場を閉じるのもよいだろう。

一方、合意形成、すなわち「よりよい決定を得ること」が目的の「討議」の場合、行動への橋渡しはより重要なものとなる。

まずは、可視化したホワイトボードや模造紙等を使って、結論を確認する。この「確認」を行うと、意外とヌケモレがあったり、認識にズレがあったりすることに気づくものだ。特に「誰が」「何を」「いつまでに」といった点でのヌケモレやズレは、その後のアクションの段階で、大きなトラブルの元となる。しっかりと確認しよう。

結論が得られていない項目があるようであれば、それをどのように扱うのかを明確にする必要がある。また、継続して話しあいが必要な場合は、この段階で「いつ」「どこで」行うのかを決定しておくとよい。その上で、チェックアウトで場を閉じれば、気持ちよく話しあいを終えることができるだろう。

第2章 まとめ

1 話しあいのファシリテーションは、**場づくり**のための働きかけと、**場のホールド**のための働きかけに分けることができる。

2 場づくりのための働きかけは、**空間のデザイン**、**オリエンテーション**、**チェックイン**の三つが基本となる。

3 場のホールドのための働きかけは、**発問**、**可視化**、さらに**「アイデアの発散〜集約」**、**「意見の吟味」**、**「行動への橋渡し」**を伺すことの、五つが基本となる。

4 考えたり決めたりするのは、主役である参加者であり、ファシリテーターはあくまでも**後押し**をする存在である。

Column 1

ファシリテーターのカバンの中身

ファシリテーションの現場では、いろいろな道具が必要になる。筆者らが持ち歩いている「七つ道具」を紹介しよう。

①水性マーカー

可視化（↓44ページ）に不可欠。裏写りしない、すぐ乾く、不快な匂いや音がない、チップに適度な弾力がある、インク交換ができる……といったメリットから、三菱ｕｎｉの「プロッキー」（細字丸芯＋太字角芯）を使うファシリテーターが多い。

②クリップボードとＡ４の白紙

ワークショップ中に進行表（タイムテーブル、↓85ページ）を確認したり、フィードバック用にメモしたりする。徳田はキングジムの「スーパーハードホルダー」を愛用。書類ファイルだが下敷きにも使えるようになっており、就活生にも人気のアイテム。

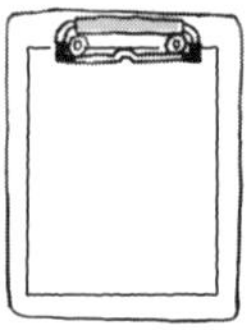

③ホワイトボードマーカー

会場に備え付けのものは、細字丸芯が多い。「みんなに見える」ように書くためには、太字平芯がベスト（↓45ページ）。パイロットの「ボードマスター」（太字平芯）は色も豊富で、インク交換もできる。

④付箋

七五×七五㎜と、七五×一二七㎜の二つのサイズを、手帳やファイルなど、数枚ずつでもあちこちに貼っておくと、いざという時に役立つ。粘着力や反りにくさから、３Ｍの「ポスト・イット」がおすすめ。強粘着タイプもあるが、グルーピング（↓50ページ）などで頻繁に貼り替える際は、通常のタイプがよい。

⑤養生テープと磁石

養生テープは模造紙を壁に貼るときに、下地を傷めない（ガムテープは不可）。磁石は、ＯＡＲＲ（↓36ページ）や「問い」（↓41ページ）を紙芝居にしてホワイトボードに貼るときに、大量に使う。フェライト磁石（黒色）は磁力が弱いため、小さいピン型のネオジム磁石（銀色）を選ぼう。

⑥丸シール（カラーラベル）

投票（↓55ページ）の際に用いる。参加者に若い人が多いときは八～九㎜の径のものでよいが、高齢の方が多いときは一六～二〇㎜くらいの径のものが使いやすい。一人につき六片ずつ配ることが多いので、あらかじめカットしておくと便利。

⑦飴やトランプ

息抜きのために用いるわけではない（もちろん、そのような用途も可能だが）。グループサイズ（↓34ページ）に応じて、グループ分けを行うときに使用する。飴は、オレンジ、アップル、グレープなど、さまざまな味がアソートになっている個包装のもの。トランプは、数字や記号でかなり柔軟にグループ分けできる。

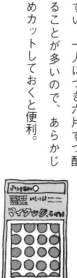

Column 2

オンラインでのファシリテーション

二〇二〇年、新型コロナウイルスの感染拡大によって、会議やワークショップ、授業やセミナーなどのオンライン化が進んだ。地域づくりや災害支援など、本書が「ソーシャル・ファシリテーション」の活用を想定している分野においても、これは例外ではない。したがって私たちは、オンラインも話しあいの場の一つとして有効に活用したいところである。特に市民活動においては、病気や障害のある人、育児や介護に携わっている人など、外出に制限がある人も参加しやすくなるなど、メリットも多い。

そして、本書で見てきた働きかけ（特に小文字のf）は、オンラインでの話しあいにおいても有効である。もちろん、フォーメーション（↓33ページ）など、そのままでは活用できない働きかけもあるが、オリエンテーションとして最初に議題を確認する（↓35ページ）、必要に応じてブレイクアウトルーム機能を活用し、少人数のグループに分かれて話す時間を設ける（↓34ページ）、画面共有機能やクラウド上のドキュメント共有サービス（Googleドキュメントなど）を使って可視化を行う（↓44ページ）、最後に決定事項などを確認して具体的なアクションにつなげる（↓56ページ）など、「基本は同じ」と考えてよいだろう。特に、画面越しだと、お互いの様子が分かりにくい。マイクのチェックも兼ねたチェックイン（↓38ページ）は、非常に有効である。

ただし、オンラインならではの特徴を理解しておく必要がある。オンラインの場合、物理的に場を共有しているわけではない。第一章において、ファシリテーターを助産師にたとえて説明したが（↓18ページ）、それになぞらえるならば、オンラインでのファシリテーションは、遠方にいるお母さんの出産を離れたところから支援・促進するようなものだ。

だからこそ、リアルな場以上に、参加者の観察、丁寧な説明、声かけが必要となる。たとえば、会議開始前や会議直後にみんなにミュートを外してもらい雑談できるようにするとか、うなずき、相槌、ＯＫサインなどを分かりやすくしてもらう案内をするなど、オンラインならではの工夫がある。

また、当然のことだが、使用するオンライン会議システムをスムーズに操作できるようにしておくことが重要である。たとえば、開始時刻になっても参加者がログインできないのは、対面の会議であれば、参加者を寒い室外で待たせているようなものだ。ブレイクアウトや画面共有など、必要な機能をスムーズに操作できるよう習熟しておきたい。別の人にシステム操作をお願いするときは、打ち合わせやテストを行い、確実な二人三脚を実現しよう。

オンラインでできること、難しいことを理解した上で、新しい場づくりにも積極的にチャレンジしてほしい。

chapter 3

ソーシャルなファシリテーションへ

Towards Social Facilitation

私たちは序章において、ファシリテーションは「話しあいの支援・促進」（小文字のｆ）と「複数の人々の関係や共同行為の支援・促進」（大文字のＦ）という二つの層で捉えることができるということを確認した。そして第一章・第二章では、前者（話しあいの支援・促進）に焦点を当て、具体的な働きかけを学んできた。

いよいよここから、後者、すなわち「複数の人々の関係や共同行為の支援・促進」について考えていくことになる。大文字のＦとは、具体的にどのような形をとり得るのか、また、小文字のｆとどのような共通点・相違点があるのか、さらには、両者はどのような関係にあるのか、少しずつイメージをつかんでいってほしい。

section

1

ソーシャル・ファシリテーションへの挑戦

「話しあいの支援・促進」（小文字のｆ）に比べて、「複数の人々の関係や共同行為の支援・促進」（大文字のＦ）は、その具体的な働きかけが、なかなかイメージしづらいかもしれない。

そこで、まずは筆者（徳田）が携わった実際の事例を一つ紹介してみたい。それぞれの局面で、どのような「後押し」がなされているのか、考えながら読み進めてほしい。

1 事例の概要

本章で紹介するのは、「つくば発達障害キャリア支援ネットワーク」（茨城県つくば市、以下ネットワーク）の取り組みである。

このネットワークの起点は、二〇一一年につくば市民大学（第四章第四節参照↓113ページ）で開催された、発達障害に関する公開講座にある。発達障害の方は、他者との円滑なコミュニケーションや、ミスのない作業の遂行といった点で難しさを感じることが多く、また周囲から「努力が足りない」「怠けている」などと勘違いされることがあるため、就職がうまくいかなかったり、離転職を繰り返したりという困難を抱えることが多い。そこでこの講座では、東京で活躍する社会起業家の就労支援に関する取り組みを紹介したのだが、それを聴いた参加者（保護者や支援者の方々）から「同様の取り組みが茨城でもできないだろうか？」という声が複数あがったのだ。それを受け、講座参加者に呼びかけて検討会をスタートし、その結果、行政やＮＰＯ、民間企業などを巻き込んでネットワークを構成して、県のモデル事業の一環として「発達障害のある若年層への就労支援モデル事業」を実施することとなったのである。

一年間のモデル事業では、当事者の方々への就労トレーニングや、企業の経営者・採用担当者に対して発達障害の特性に関する理解を促すリーフレット制作などを行った。そしてモデル事業終了後も、各種支援機関、就労支援事業所、受け入れ側の企業や送り出し側の教育機関、親の会など一六機関がネットワークにとどまり、当事者や保護者向けの「ワンストップ相談会」や、支援者向けの「情報交換会」などを継続して実施している。ちなみにこれらの企画にかかる経費は、初年度は茨城県からの助成金で、そして二年目からは趣旨に賛同する市民の方々からの寄付金で全額をまかなっている。いわば、「さまざまな関係者をファシリテートすることを通じて、発達障害のある若年層の就労をファシリテートする」取り組みであるといえるだろう。

2 まずは「話しあいのファシリテーション」から

それではこの事例において、筆者はどのような人々に対して、どのような「働きかけ」を行ったのかを見ていこう。まずは、話しあいのファシリテーションである。

前述の通り、ネットワークでは初年度に、当事者向けの訓練事業や、企業向けの啓発事業を行った。これらの事業を企画・運営するためには、当然、ものごとを決めるための会議、すなわち合意形成を目的とした「討議」（↓26ページ）が必要となる。そこで筆者は、関係者が一堂に会する「地域円卓会議」を継続して実施した。事業を企画するだけでなく、その進捗をともに見守り、効果を検証するとともに、発達障害者の働き方の可能性について知見を共有することで、長期的な支援体制を構築するためである。

図表3-1は、初年度の年度末に開催した、第四回地域円卓会議の会議資料の表紙である。ＯＡＲＲに即してオリエンテーション（↓35ページ）を行うための次第が記載されている。

ここで、一三時からの「近況を共有する」はチェックイン（↓38ページ）、一四時五〇分からの「感想を共有する」はチェックアウト（↓39ページ）である。また、一三時一五分からの「今年度の事業実施状況を把握する」においては、「『ここはよかった、次年度も継続していこう』という点は何ですか？」「『ここはいま一つだった、次年度は改善しよ

「発達障害のある若年層への就労支援モデル事業」第４回企画・推進委員会

日　時：3月25日（月）13:00 ~ 15:00

会　場：つくば市民大学（つくば市東新井15-2 ろうきんつくばビル5階）

ゴール：1. 今年度の事業実施状況が把握でき、次年度へのヒントが得られている
2. 次年度の事業をどのように実施していくか、方向性が決定できている
・企画・推進委員会の「次年度の姿」の方向性が決定できている
・次年度の体制において、各自「何をするか」が把握できている

進め方：13:00 ~ 13:15（15分）　近況を共有する
13:15 ~ 14:00（45分）　今年度の事業実施状況を把握する
a) 訓練事業の実施状況をふりかえる
b) 啓発事業の実施状況をふりかえる
14:00 ~ 14:50（50分）　次年度の事業継続方法を検討する
a) 事業のあり方の方向性を決定する
b) 組織のあり方の方向性を決定する
14:50 ~ 15:00（10分）　感想を共有する　※時間は目安です

参加者：事業の成果を最大化するためのアイデアを出す人 ＝ みなさん
進行 ＝ □□　書記 ＝ □□　事務局 ＝ □□

ルール：それぞれの情報・知識・経験を語ることで、場に貢献しよう

図表 3-1　「地域円卓会議」配布資料（部分）

う』という点は何ですか?」「『今年度は行わなかったが、次年度はぜひ挑戦してみよう』という点は何ですか?」といった発問（↓40ページ）を行い、グループサイズ（↓34ページ）を小さくすることで、より深い振り返りができるように促している。そして（この資料からは読みとることができないが）出てきた意見はホワイトボードを用いて可視化（↓44ページ）することで、一四時からの「次年度の事業継続方法を検討する」における、効率的・効果的な合意形成を支えている。

このように、何らかの事業を推し進めていくにあたっては、さまざまな場面で「話しあいのファシリテーション」が存在するのである。

3 「共同行為のファシリテーション」へ

しかし、このような「話しあいの支援・促進」（小文字のf）だけで、事業を推し進めていくことはできない。「複数の人々の関係や共同行為の支援・促進」（大文字のF）を実現するためには、他にもさまざまな働きかけが必要となる。それでは、この事例においては、具体的にどのような働きかけがあったのだろうか。筆者らは、図表3-2（次頁）に見るように、主に八つの働きかけがあったと考える。

①組織に対する働きかけ——ネゴシエーション、コーディネーション

まずは、さまざまな団体・組織に対し、ネットワークへの参画を要請する**ネゴシエーション**である（↓詳細は74ページを参照）。

この事業において筆者（徳田）は、「障害者手帳の交付を受けている人」や「手帳の交付は受けていないが、発達障害との診断を受けている人」だけでなく、既存の福祉制度・サービス（たとえば、障害者総合支援法上の障害者就労移行支援事業）の狭間にある「発達障害との診断は受けていないが、その傾向がある人」もサービスの対象とすべきであると考えていた（発達障害は自他ともに分かりにくい障害であり、そのような人が多数存在する）。そうでなければ、行政だけでなく、行政と民間の協働によって新しい取り組みを始める意義がないためである。しかし公的機関にとっては、制度・サービスの「外」にある人々に関する事業にリソースを割くことは難しい。また、就労支援は労働施策と福祉施策の交点に位置するため、ともすれば組織間・部門間の「押しつけあい」や「お見合い状態」に陥ってしまう可能性もある。そこで必要となったのが、県や市（いずれも複数の部署）、その他各種機関との交渉である。

筆者も数ヵ月にわたり、県庁や市役所、「○○センター」などの各種支援機関に幾度となく足を運んだ。「なぜこの事業に参画していただきたいのか」を訴え、「他の機関はどのような意向を示しているのか」を

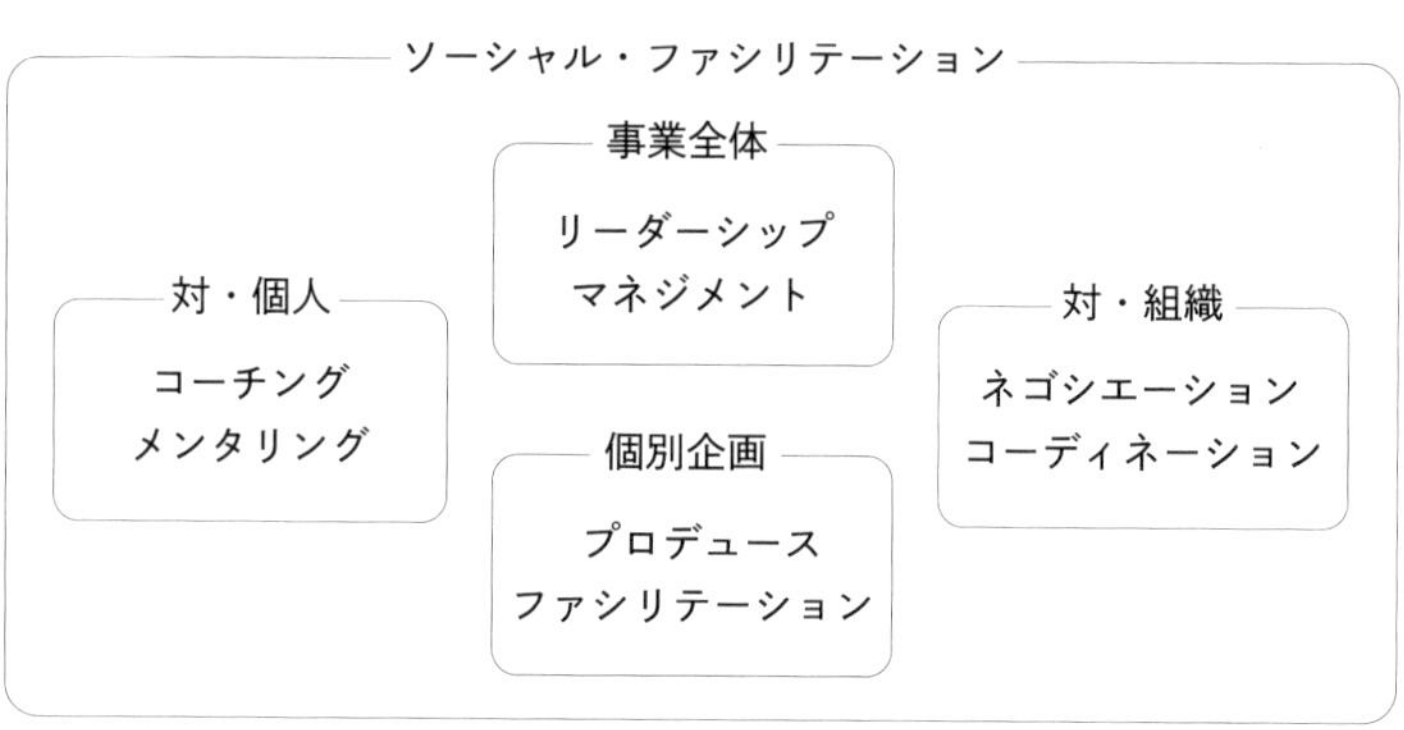

図表 3-2　ソーシャル・ファシリテーションの全体像

伝え、「何が参画の妨げとなっているのか」を訊ね、「その阻害要因を軽減するためにできること」を考え……という交渉を繰り返すことで、ネットワークの発足にこぎつけたのであった。

そして、事業の遂行にあたっては、団体・組織間の連携・協働を促す**コーディネーション**が必要となる（↓詳細は77ページを参照）。

前節で「地域円卓会議」の様子を紹介したが、これは、発達障害者の働き方の可能性について知見を共有することで、長期的な支援体制を構築するためのものであった。そのためには、ネットワークの中核を担う団体だけでなく、官民の支援機関、就労支援に取り組む事業所、受け入れ側の企業の立場として経営者協会や商工会、送り出す側の立場として大学・高校・特別支援学校、そして親の会など、さまざまな団体・組織に「テーブルについてもらう」こと、そしてそれを通じて、相互に「つながりを得てもらう」ことが必要となる。そのための働きかけがコーディネーションである。

地域ではさまざまな団体・組織が活動しているが、意外と連携・協働がなされていないことが多い。しかし、それぞれニーズ（抱えている課題）とシーズ（提供できるノウハウ等）が異なるため、効果的につながることができれば、それぞれの団体・組織にとってのメリットになるだけでなく、最終的な受益者（本事業の場合は就労に悩む発達障害者）にも大きなプラスとなる。

そのために筆者は、会議の当日だけでなく、日ごろからそれぞれのニーズを把握すること、どこにどのようなシーズがあるのかを探ること、誰にテーブルについてもらえばよいかを考え、参加を呼びかけること、きちんと「つながる」ことができるようにフォローアップすることなど、コアメンバー間で手分けすることで、こまめな働きかけを実現した。

②個人に対する働きかけ――コーチング、メンタリング

当事者の方々への就労トレーニングにおいては、一人ひとりとしっかり向きあうことが必要となる。

参画機関から提供された就労訓練のプログラムは、表面上はパソコンのスキルを身につけることが中心となっていたが、それを実際の職場をイメージした環境で行うことで、就労後に必要となるコミュニケーション・スキルが身につくように工夫がなされていた。すなわち、上司役であるスタッフからの指示内容を、報告・連絡・相談を行いながら遂行することで、トレーニングが進んでいくのである。

このとき、上司役は、業務（実際は訓練）の進捗を管理するだけの存在ではない。一人ひとりの訓練生の障害特性を把握し、無理なくプログラムを遂行できるよう、適切にアプローチする必要がある。その中では、訓練目標を達成できるように問いかけを行う**コーチング**や、悩みや不安に対して「人生の先輩」として言葉かけを行う**メンタリング**といった働きかけを担う役割も兼ねているのだ（→詳細は80ページを参照）。

③個別企画に関する働きかけ――プロデュース、ファシリテーション

「事例の概要」でも紹介した通り、本事業においては、当事者向けの就労トレーニングや、企業の経営者・

採用担当者向けのリーフレット制作などを行っただけでなく、当事者や保護者向けの「ワンストップ相談会」や、支援者向けの「情報交換会」などを実施した。これらの企画を考え、具体的な形にしていくには、**プロデュース**力が問われることになる（↓詳細は83ページを参照）。

「企画を生み出す」というと「アイデアが勝負！」というイメージがあるかもしれない。もちろんアイデアも重要だが、それだけではない。その企画の対象者は誰か、ゴール（目的）は何かといったコンセプトを徹底的に考え抜くこと、そしてそのコンセプトを実現するための、最適なプログラムをデザインすることが、プロデュースの大きな柱である。

そして企画の遂行にあたっては、もちろん小文字のｆとしての**ファシリテーション**が鍵となる。

たとえば、支援者向けの情報交換会は、いわば「対話」の場である。例として、二〇一六年一〇月に開催した情報交換会（一四団体・二〇名が参加）のプログラムを紹介する（図表3-3）。第二章で学んだファシリテーションのさまざまな働きかけが活用されていることが分かるだろう。

さらに、訓練生向けのワークショップも何度か実施した。「人との会話に苦手意識や不安を感じてしまう」という声を受けて、お互いの「いいところ」を探す中で無理なく「会話」を楽しめるような機会を、定期的に設

内容	時間	フォーメーションとグループサイズ
オリエンテーション	5分	椅子のみ扇形
チェックイン	10分	〃　円形
話題提供（最近の傾向）	10分	〃　扇形
感想を小グループで共有	10分	〃　島形（4名×5島）
全体で共有	15分	〃　円形
テーマ別フリートーク	40分	机を囲む島形（5名×4島）
全体で共有	20分	椅子のみ円形
チェックアウト	10分	〃　円形

図表3-3「情報交換会」プログラム

けるようにしたのだ。

④ 事業全体に関する働きかけ――リーダーシップ、マネジメント

これらの事業を実施していく中では、さまざまなトラブルに直面することもある。そのようなときに必要となるのは、自分たちはなぜこの事業に取り組んでいるのか、どのような社会を実現することをめざしているのか、といった「理念」を思い出すよう働きかけ、メンバーの背中を押す**リーダーシップ**である（→詳細は87ページを参照）。

そしてもう一つ、忘れてならないのは、これらの事業全体を管理する**マネジメント**機能である。計画と予算を立て、事務作業や会計処理を積み重ね、計画通りに進捗しているかをチェックし、随時改善を図っていくのだ（→詳細は87ページを参照）。

このように、さまざまな働きかけによって、「関係者をファシリテートすることを通じて、発達障害のある若年層の就労をファシリテートする」取り組みを実現してきたのである。

……いかがだろうか？　二つの層のファシリテーションのイメージがつかめてきただろうか？

もう一度おさらいしよう。ソーシャル・ファシリテーションとは、人々の間に「相互の支えあいの関係」を育み、社会的課題の解決を支援・促進する、あらゆる働きかけの総称であった。そこでは、「話しあいのファシリテーション」（小文字のｆ）はもちろんのこと、もう少し広い意味でのファシリテーション、すなわち「複数の人々の関係や共同行為のファシリテーション」（大文字のＦ）を考える必要がある。そして大文字のＦ

においては、通常はファシリテーションとしては意識されないような働きかけ、たとえばコーディネーションやコーチング、マネジメントといった働きかけも必要となるのである。

次節では、これらの働きかけの中身をもう少し詳しく見てみよう。

section
2
ソーシャル・ファシリテーションに必要な働きかけ

ソーシャル・ファシリテーションを志す際、「話しあいのファシリテーション」以外に、どのような働きかけが、そしてどのくらいの種類の働きかけが必要になるのだろうか？　仮にそれらを、いわゆる「ビジネス・スキル」に類似するものとして捉えるならば、大型書店のビジネス書のコーナーを眺めてみれば分かるように、あまりにもたくさんありすぎて、途方に暮れてしまうだろう。

しかし、筆者の経験では、特に重要と思われる働きかけは、前節の事例を通じて紹介した（小文字のｆとしてのファシリテーションを除く）七つの働きかけである。したがって本節では、これらに焦点を当てて紹介する。とはいえ、本書ではいずれも概要を示すにとどまるので、興味を持った働きかけについては、ぜひそれぞれの入門書・専門書に当たることで理解を深めてほしい。

1 ネゴシエーション：最善の解決策を粘り強く考える

まずは、**ネゴシエーション**（negotiation）から見ていこう。事例では、さまざまな団体・組織に対し、ネットワークへの参画を要請する際に、ネゴシエーションが行われていた。

ネゴシエーションは、「立ち位置」と「意識を向ける先」という二点から捉えると、実はファシリテーションとは対極にある働きかけである。図表3-4を見てほしい。縦軸が問題解決に向けての「立ち位置」、横軸が「意識を向ける先」である。

①は、基本的に当事者の立場で、またコンテンツ（意見、アイデア）を直接的に扱うことになる。たとえば旅行の行き先で意見が割れているときに、当事者の一人として、自分自身の「北海道に行きたい」という思いを言葉にしている状態をイメージしてほしい。これがネゴシエーションの基本的なスタンスである。それに対して②は、基本的に第三者の立場で、また主にプロセスに意識を向けている。「北海道に行きたい」「沖縄に行きたい」という意見が飛び交う中で、第三者的な立場で客観的に、また話しあいの「進め方」や「決め方」、一人ひとりの「感じ方」や「捉え方」といったプロセスに意識を向けて問題解決を図ろうとしている状態を思い描いてみよう。これはまさに、本書の前半で学んできた、小文字のfとしてのファシリテーションの基本的なスタンスで

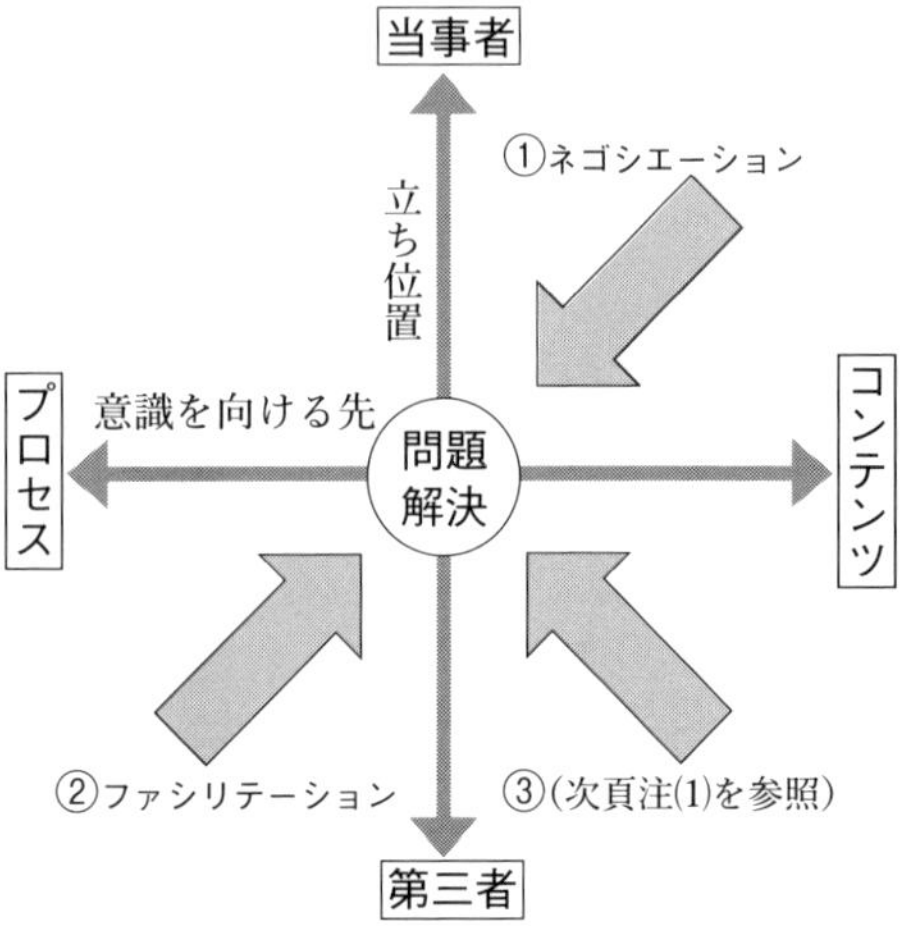

図表 3-4　ファシリテーションとネゴシエーション

あろう。その意味で、ネゴシエーションとファシリテーションとは、まったく異なる方向から問題解決を図ろうとする働きかけであるといえる(1)。

さて、このように逆方向から問題解決を図ろうとする両者ではあるが、だからといって交わる点がないわけではない。考えてみよう。問題の性格によっては、「まったくの当事者」というわけでもなく、かといって「まったくの第三者」というわけでもない、というような立場に置かれることだってあるだろう。また、「当事者だから一切プロセスには意識を向けない」という姿勢で交渉をするのは難しいだろうし（たとえば、相手の感情に配慮しないでよりよい結果に到達できるだろうか？）、また逆に「第三者だから一切コンテンツに踏み込んではならない」というわけでもないだろう（注1も参照）。その意味で、実際の問題解決や合意形成においては、ネゴシエーションの考え方を理解した上でのファシリテーションや、ファシリテーションの姿勢を意識した上でのネゴシエーションといった柔軟な発想が求められる場面も十分にあり得るのだ。

それでは、ソーシャル・ファシリテーションという観点からネゴシエーションを捉える際、もっとも重要となるのはどのような点だろうか。

---

(1) なお、特に法律関係の領域においては、第三者の立場からコンテンツを扱う（たとえば、判断を示したり、助言を与えたりする）ことによって問題解決を図ろうとする、図表3-4の③の働きかけもある。仲裁（arbitration）や調停（conciliation）といった働きかけである。仲裁は、公平な第三者が解決の判断を行うことであり、その判断は拘束力を有する。それに対して調停は、公平な第三者が解決策を提案するが、その提案に従うか否かは当事者に委ねられるという違いがある。さらにこの領域においては、仲介（mediation）という働きかけもある。これは、ファシリテーションとほぼ同様のアプローチ（すなわち、法的問題に対し、第三者がコンテンツよりもプロセスに働きかけることを通じて当事者間での解決をめざすアプローチ）として理解してよいだろう。

図表3-5は、ネゴシエーションにおける基本姿勢を、五つのパターンとして整理したものである。実はこれは、すでに第一章第二節で少しだけ触れているが、「自分が一〇〇、相手が〇」となる「説得」がベストとは限らない、ということである。場合によっては、「相手が一〇〇、自分は〇」となる「譲歩」や、説得と譲歩のライン上のどこかで折り合う点を見出す「妥協」のほうが、長期的には利益が最大化されるかもしれない。さらに重要なのは、図表3-5において破線で示した、この「説得―妥協―譲歩」のライン上だけで考えない、ということである。もしかしたら、「先送りして時間による解決に委ねる」という「回避」が立派な解決策になることもあるだろう。そして、ファシリテーションに関連して重要となるのは、右上の「協力」、すなわち合計が一〇〇を超えるような解決策を、お互いに粘り強く考えること、すなわち交渉を「討議」として捉えることだ。

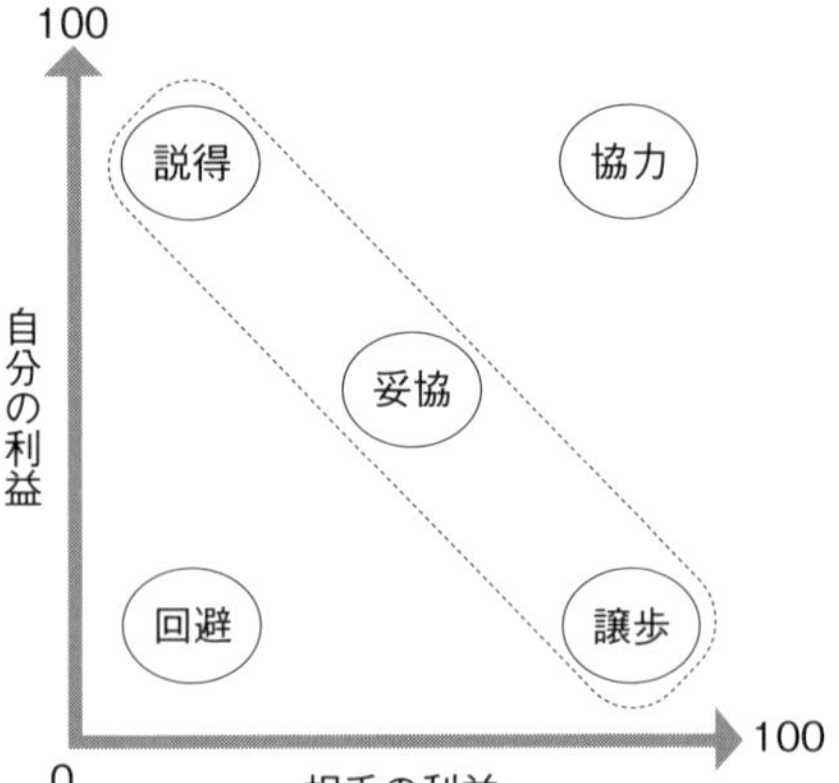

図表3-5　ネゴシエーションにおける基本姿勢

さらに、ソーシャル・ファシリテーションという観点では、交渉を「自らの利益の最大化」と捉えるのではなく、「課題解決における効用の最大化」と捉えることが、あくまでも基本となる。

前節の「つくば発達障害キャリア支援ネットワーク」の事例においては、課題解決に関係する各機関に参画を呼びかける際、「他の機関はどのような意向を示しているのか」など相手の判断に資する情報を伝えたり、「何が参画の妨げとなっているのか」を訊ね、その上で「その阻害要因を軽減するためにできること」をともに考えたり、といったプロセスを経たことを紹介した。ネゴシエーションにおいては、自らの主張を繰り返すだけでなく、「ともに聴きあう」「ともに考えあう」という姿勢で臨むことを、常に意識したいものである。

2 コーディネーション：対等につなぎ、調和を生み出す

コーディネーションと（小文字のfとしての）ファシリテーションは、兄弟、あるいは車の両輪のような関係にあるといえる。前節の事例を思い出してみよう。たとえば、関係者間の知見を共有することで長期的な支援体制を構築するための「地域円卓会議」を実施するとして、会議当日にはファシリテーションが重要となるが、その前後はどうだろうか。「誰にテーブルについてもらえばよいかを考え、参加を呼びかける」ことがなければ会議は成立しないし、「きちんとつながることができるようにフォローアップする」ことがなければ、せっかくの会議が活かされない。この、話しあいの「前後の働きかけ」が、コーディネーションに他ならないのだ。

コーディネーション（coordination）とは、「二者あるいはそれ以上の個人、機関、施設、団体の間に対等な関係をつくり、各々が最大限にその特性を発揮できるよう、調整・調和を図ること」であるといわれる（早瀬・筒井 二〇一七）。

この定義からは、二つのポイントが読み取れる。一つは、「対等につなぐ」ことである。一方が他方の〈ために〉あるのではなく、〈ともに〉歩んでいく関係性を築くということだ。そしてもう一つは、「調和を生み出す」ことである。単独で閉じていては実現できないことを成し遂げるために、お互いに手を開き、つながって

いくのだ。

たとえば、災害時などのボランティア・コーディネーションを例にとってみよう。ここでは、「困っている」人と「何かしたい」人とをつなぐことになるが、後者は前者に「仕える」存在ではなく、「施す」存在でもない。それぞれの願いや思いを丁寧に引き出し、受け止め、どうすればその願いが叶えられ、思いが活かされるのかを考え抜いて、「ともに困難を乗り越える」存在となるようにつないでいく必要があるのだ。

また、講演会などのイベントを有意義なものとするためにも、コーディネーションは重要となる。

・イベントの目的や趣旨を明確にした上で、どのようなゲストがふさわしいのかを考えること
・ゲストに対し、イベントの目的や趣旨を伝えて、テーマや内容を決めてもらうこと
・それらの情報を、興味関心のありそうな人々に的確に伝えて、参加者を募ること
・ゲストに対し、参加者のニーズや、当該テーマに関する知識のレベルなどを伝えること
・参加者に対し、「参加のしおり」などを送付することで、レディネス（心の準備）を高めること

このような一連の働きがあってはじめて、参加者の「その話が聞きたいわけじゃないんだけどな……」、ゲストの「なんだか、全然話が伝わっている感じがしないな……」といった「不調和」を避けることができるのである。

さて、このようなコーディネーションと（小文字のfとしての）ファシリテーションとは、ともに「人と人との〈かかわり〉」に働きかけるという共通点を有している(2)。しかしここでは、効果的な「合わせ技」を考えるためにも、あえて相違点に着目してみよう。

おそらく最大の差異は、「コーディネーションにおいては、扱うテーマに関する情報や知識、経験が重要となる」という点にある。前節の例でいえば、「発達障害」や「就労支援」に関する情報や知識、経験があればあるほど、効果的なコーディネーションが可能になるということである。関連する個人や団体、活動や組織、施設や物品、法律や制度、資金などを「知っている」ことが重要となるのだ。

単純な事例で考えてみよう。たとえば、困りごとを抱えている人と支援機関とを「つなぐ」際に、二つしか支援機関を知らなければ、そのどちらか一方（あるいは両方）を紹介することしかできない。しかし一〇の支援機関を知っていれば、その中から最適なものを選ぶことが可能となる。どちらが、その人によりフィットしたサポートとなる確率が高いだろうか。

したがってコーディネーションにおいては、常にアンテナを立てて情報を収集・蓄積し、それを「使える」状態でメンテナンスし続けることが大切である。また、自らすすんで情報を発信していくことも求められる。なぜならば、情報は「発信するところに集まる」ものだからである。たとえば前節の事例においては、少しで

（2）たとえば、パネルディスカッションの進行役を指して、「コーディネーター」や「ファシリテーター」、あるいは「モデレーター」などの語が、相互に置き換え可能な形で用いられていることが、共通点の多さを物語っている。なお「モデレーション（moderation）」とは、中庸、適度、穏健といった意味を持つ語であり、「バランスをとる」ようなイメージで捉えればよいだろう。あえて三つの語の違いを強調するならば、コーディネーションとモデレーションは「調和」や「中庸」など、やや静的なイメージがあるのに対し、ファシリテーションは「支援・促進」と、動的なイメージが強くなること、コーディネーションは「パネラー同士の、あるいはパネラーと聴衆との」調和を志向する、すなわち「ヒト」に働きかけるのに対し、モデレーションとファシリテーションはそれらの人々の「ディスカッションの」バランスや支援・促進を志向する、すなわち「コト（行為）」に働きかけること、といった点を挙げることができる。しかし、いずれもわずかな差であり、実際、その場において求められている機能に違いがあるとまではいえないだろう。

も関連がありそうな団体や組織に対し、「このような取り組みを始めました」「いま、このような事業を行っています」と、こまめにコンタクトするようにした。そうすると、「そういえば○○さんが……」「□□の地域では、このような事例が……」などといった情報が集まってくるのだ。

テーマに対する理解を深め、それを踏まえて、話しあいの「前後」における関わりあいに働きかけるコーディネーション。ソーシャル・ファシリテーションにおいては、不可欠の技術であるといえるだろう。

3 コーチングとメンタリング：一人ひとりの力を引き出す

前節の事例における就労トレーニングでは、上司役が訓練生一人ひとりに向きあい、問いかけや言葉かけを行っていた。ソーシャル・ファシリテーションにおいては、このように個人に対する働きかけが必要となる局面も多々あるはずである。

「対個人」の働きかけは、ビジネスや医療、教育やスポーツなど、さまざまな領域で数多くの技術が開発され、専門分化を遂げてきた。ここでは、コーチングとメンタリングの二つを紹介したい。

コーチング（coaching）は、コーチ（coach：馬車）という語に由来する。人を目的地まで送り届けるのが馬車の役割である。したがってコーチングとは、「対象者が自らの目標やゴールに到達することを支援する」働きであると理解することができる。あくまでも主体は対象者であり、コーチは発問を中心としたコミュニケーションを通じて、対象者の自発的な行動を促し、目標達成を支援するのである。

働きかける側が主役ではなく、相手が主役であること、そして発問がコミュニケーションの中心となることから分かるように、コーチングは小文字のfとしてのファシリテーションと共通する点が多い。あえて違いを強調するならば、コーチングは「個人」が対象となることが多く、対象者は「自ら（within）考え、語る」内省を通じて自らを変容させていくのに対し、ファシリテーションは「集団」を前提とすることが多く、したがって「ともに（with others）考えあい、語りあう」相互作用によってお互いに変容していくという点を挙げることができるだろう。

これに対して**メンタリング**（mentoring）は、古代ギリシアの叙事詩『オデュッセイア』において、オデュッセウス王の旧友で、王の息子であるテレマコスの教育を任されたメントールの名が語源となっている。すなわち、経験豊かな「人生の先輩」的な立場から、対象者に働きかけることを指している。コーチングが行動面での支援を中心とするのに対し、メンタリングは精神面での支援も含むこと、コーチングと異なり、メンタリングでは助言を行う場合もあること、また比較的長期間にわたって対象者と関わることなどが特徴である。

このように相違点はあるが、むしろここでは共通点（これは、小文字のfとしてのファシリテーションにも共通する点である）に着目したい。それは、「信頼関係がなければ、これらの働きかけは成立しない」ということである。そして、「信頼関係を築く」という点で非常に大きな意味を持つのが、**傾聴**である。耳を、そして心を傾けて聴くということだ。

このような経験はないだろうか。何か楽しいこと（あるいは悲しいこと）があり、それを誰かに話した。後から思い出したときに、自分が何を話したかはぼんやりとしか思い出せないけれども、「せっかく楽しい気分だったのに、全然聴いてくれなかったから、話す気が失せてしまった」とか、「親身になって聴いてくれたので、少し気持ちがあたたかくなった」など、「自分の話を聴いてくれる相手をどう感じたか」はしっかりと覚えている……ということが。このように、「聴く姿勢」一つで、信頼関係が築かれたり、壊れたりしてしまうのだ。つまり、まずは相手の思いや考えをしっかりと受け止めることがベースになるのである。

では、どうすれば「聴く」ことができるのだろうか。ポイントは、相手が話しているその時間を、「その人の時間」であると考えること、それだけである。その時間は、「私の時間」ではない。だから、自分のことを考えるのを、いったん止めてみる。そして、相手の話を最後の句点（。）まで聴き、それから、相手のリズムに合わせて、頷いたり、相槌を打ったり、繰り返したり、いい換えて確認したりする。それだけで、話し手に時間をプレゼントする「聴き手」になれるはずである。

では、そうなれないとき、つまりどうしても自分に意識が向いてしまうときにはどうすればよいか。一見おまじないのようだが、それでいて効果抜群、という方法がある。それは、逆説的ではあるが、「いったん自分の呼吸に意識を向けてみる」ということである。

地に足が着いていない状態では、聴くことはできない。地に足が着いていないというのは、文字通り、意識が浮ついているということである。つまり、落ち着く必要があるということだ。そして、落ち着くためには、自分の呼吸に意識を向けることが一番である。

深呼吸をする必要はない。いま、息を吐いている、いま、息を吸っている。呼吸一回分、その「吐いてい

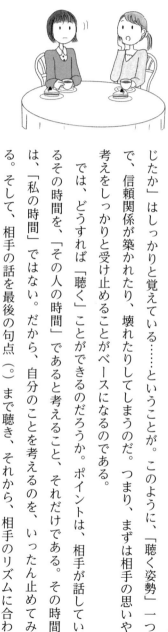

る、吸っている」ということ自体に意識を向ければ、しっかりと地に足が着くはずだ。これで、聴く姿勢に入ることができるだろう。

4 プロデュース：コンセプトを明確にし、プログラムを組み立てる

前節の事例においては、当事者や保護者向けの「ワンストップ相談会」や、支援者向けの「情報交換会」など、さまざまな企画を実施したことを紹介した。このように、企画を立て、具体的な形にしていく際に必要となるのが、**プロデュース**（produce）の力である。

企画を考える際にもっとも重要なのは、コンセプトの立案である。コンセプトとは、その企画の柱となるものである。どうやって柱を立てるのか。端的にいえば、次の「二つのW」を徹底的に考え抜き、明確にすることである。

・Whom（対象）：どんな人に働きかけたいのか
・Why（目的）：どんなことをめざしているのか

たとえば、ワンストップ相談会であれば、WhomとWhyは次のようなものであった。

・Whom（対象）：どんな人に働きかけたいのか

発達障害の診断を受けた（または発達障害の疑いのある）、就労に関して不安や悩みのある人（およびそのご両親）。特に、「どこに相談に行けばよいか分からない」と感じている人。

・Why（目的）：どんなことをめざしているのか

発達障害や就労支援に関する「見取り図」が得られる場をつくる。すなわち、さまざまな支援機関があり、さまざまな情報があふれる中で、「いま、自分にとって必要な支援は何か」「誰と協力して当面の課題に取り組んでいくのか」「将来的に自分は何をしなければならないのか」が明確になるような場をつくる。

ここから、「支援の『見取り図』をゲット！　発達障害と就労支援のワンストップ相談会」というコンセプトが導き出された。コンセプトが明確になり、関係者がそれをしっかりと把握していれば、「個別相談のブースを設けるにあたって、どのような支援機関に協力を依頼するか」「定員を超えた申し込みがあった場合、どのような人の参加を優先するか」など、その後の企画・運営におけるさまざまな「判断」が容易になる。これが、コンセプトの力である。

さて、コンセプトが明確になったら、次はプログラムづくりだ。プログラムは、What（内容）とHow（形式）の二つの要素で考えることができる。ワンストップ相談会の例で考えてみよう。

・What（内容）：具体的に、どんなことをするのか

相談会の前半は、「各支援機関はどのような支援を行っているのか」「他の支援機関と比べてどのような特徴があるのか」「どのような状況において最適な支援なのか」「支援を受けた人のその後にはどのような例があ

るのか」などを知ることができるような、具体的な就労事例を通じた支援内容の紹介。さらに後半は、個々の悩みや疑問に対し回答やマッチングを受けることができるような、支援機関別の個別相談。

・How（形式）：具体的に、どのようにするのか

前半の「具体的な就労事例を通じた支援内容の紹介」は、実際にさまざまな支援を受けて就労した三人のストーリーを、支援機関の紹介を交えながら紹介した上で、質疑応答で理解を深められるようにする。後半の「支援機関別の個別相談」は、就労支援（就労相談および就労訓練）、生活支援、医療支援、家族支援の五つのブースを設置し、個別に相談が受けられるようにする。

なお、プログラムを考えるにあたっては、小文字のfとしてのファシリテーションの技術を意識しながら進めるのがよいだろう。71ページの図表3-3のように、フォーメーションやグループサイズも考えながら、具体的な流れをタイムテーブルに落とし込んでいくのだ。これを「プログラム・デザイン」と呼ぶ。

プログラム・デザインのポイントは、Outcome（↓36ページ）に向かって創造的な流れを考えることである。導入部では、オリエンテーション（↓35ページ）やチェックイン（↓38ページ）によって、参加者の「安心して参加できそう」「今日は発言しようかな」という気持ちを促す。本題に入ったら、グループサイズ（↓34ページ）などを活用し、「批判されないから安心だ」「こんなことも言ってみよう」と思えるようにしたい。そして、発問（↓40ページ）や可視化（↓44ページ）などで「自分事になってきた」「遠慮しないで発言するぞ」とい

う気持ちを促し、意見の吟味（↓51ページ）によって「アイデアが整理されてきた」「みんなで一緒につくっている」と感じられるようにする。そして、話しあいを終えるときには、「達成感、納得感があるなあ」「決まったことに関わっていこう」と感じてもらえるようにしたい。

プログラム・デザインで陥りがちなのは、やりたいことを詰め込みすぎてしまうことである。結果として、時間に追われて参加者の変化に気がつかなかったり、傾聴のための心の余裕を失ったりしてしまう。また、話しあいの仕方を説明したり、参加者からの質問を受けたりする時間も忘れがちだが、しっかりと確保しよう。休憩も忘れがちだが、参加者がリフレッシュしたり、自由に交流したりする時間であるとともに、ファシリテーターにとっても、その後の進め方を練り直すための貴重な時間となる。

さて、ここまでの「3W1H」で、企画の骨子は固まったといえる。さらに、When（いつ：日時）、Where（どこで：会場）、Who（誰が：役割）、How much（いくらで：予算）、そして場合によってはHow long（いつまで：期間）といった詳細を詰め、「6W2H（または3H）」を揃えることができれば、いわゆる「企画書」は完成である。

実際には、日時（When）や場所（Where）などがあらかじめ決まっていて、制約条件となることも多い。しかし、原理原則としては、コンセプト（Whom＋Why）が先である。参加者が参加しやすい曜日や時間帯、アクセスしやすい会場を選定する必要があるからだ。

コンセプトを考えることは、取り組むべき課題と徹底的に向きあうということである。そしてそれこそが、企画をオリジナルのものとする、最大のポイントとなる。逆に、その他の要素に関しては、全国各地、場合によっては海外の事例などからヒントを得ながら組み立てていくこともできるだろう。

そして、実際にプログラムを進行したら、「Outcomeは達成できたか」「参加者の反応はどうだったか」「時間配分に無理はなかったか」などを振り返り、プログラムや企画をブラッシュアップしよう。その繰り返しによって、プロデュース力は磨かれるのだ。

5 リーダーシップとマネジメント：基盤としての働きかけ

ここまで、大文字のFとしてのファシリテーションのための、さまざまな働きかけを見てきた。これらの働きかけを、状況と必要に応じて適切に用いることで、包括的な支援・促進を実現していくことになるのだが、それら個々の働きかけと少しだけ趣が異なるのが、リーダーシップとマネジメントである。この二つは、包括的な支援・促進の、いわば基盤となる働きかけである。

リーダーシップやマネジメントは、特に経営学やビジネスの領域で研究が進んでいる。論者によって定義が異なるが、ここでは次のように大まかに定義したい。

リーダーシップ（leadership）とは「めざすところをイキイキと描き出し、みんなをその気にさせる」こと、**マネジメント**（management）とは「それを確実に達成できるように、PDCAサイクルを回す」ことである。PDCAサイクルとは、Plan（計画）―Do（実行）―Check（評価）―Action（改善）を繰り返すことで、事業を確実に遂行していくことができるという考え方であり、別名をマネジメント・サイクルともいう（まさに「マネジメント」だ）。

つまり、イメージとしては、「やるぞ！」と旗を掲げているのがリーダー、その横でソロバンを弾いているのがマネジャーである。どちらが重要というわけではなく、取り組みを進めていく際の、車の両輪のようなものであるといえるだろう。

リーダーシップにせよ、マネジメントにせよ、論点は多岐にわたるのだが、ここでは、ファシリテーションとの関連で、一つだけ取り上げて詳述したい。それは、リーダーシップのスタイルである。

先に、リーダーシップもマネジメントも、論者によって定義が異なると述べた。その意味では、「旗を掲げるのがリーダー」というのは、やや一面的な捉え方かもしれない。というのも、リーダーシップに関するさまざまな言説を、いわば最大公約数的に定義するならば、「その人の言動が、他の人々に与える影響力」となるからだ。人が複数いて、ある人の言動が他の人に何らかの影響を与えたら、そこには「リーダーシップがあった」と考えることができるのだ。人に影響を与えるには、力強く旗を掲げる以外にも、さまざまな形があり得るだろう。

ただ、ここで注意したいのが、「影響力」といっても、そこには含まれないものがあるということだ。それは、いわゆるポジション・パワー、すなわち地位や役職、立場の力である。リーダーシップとは、あくまでもその人の「言動」による影響力である。その人の「肩書」の力は、リーダーシップとは無関係なのだ。

そう考えると、少し奇妙な表現となるかもしれないが、「リーダーシップを発揮するのは、リーダーの立場にある人だけとは限らない」ともいえるだろう。どのようなポジションにあっても、言動によって人に影響を与えることはできるし、それこそがリーダーシップなのである。

そして、先に述べたように、影響の与え方はさまざまである。たとえば、ロナルド・A・ハイフェッツは、リーダーシップのスタイルには、大別して二つのモードがあるとしている（金井 二〇〇五）。

・モード（P）：フォロワー（影響を受ける側）を受動的（passive）に捉える。
人は受け身で消極的な存在だと考え、先頭に立ってグイグイ引っ張っていく、あるいは上から指示・命令するという形で影響を与える

・モード（A）：フォロワーの役割を能動的（active）に捉える。
人は自ら前向きに取り組もうとする意欲を持つ存在だと考え、後ろから後押ししたり、下から支えたりという形で影響を与える

一般的な「リーダーシップ」のイメージとしては、モード（P）のほうがしっくりくるかもしれない。「強いリーダーシップ」という言葉もしばしば耳にするように、まさに「旗を掲げる」イメージである。しかし、必ずしもそれだけがリーダーシップの発揮の仕方ではないのだ。後ろから後押しする、下から支える。そのような影響の与え方も、立派なリーダーシップなのだ。

リーダーシップを、特別な立場にある人が発揮する、特別な力と考えるのではなく、誰もが、いつでも発揮できるものとして捉えること。モード（A）という考え方は、そのような視角を私たちに与えてくれる。

そして、勘のよい方はすでにお気づきだろう。この「後押しする」「支える」という働きかけは、まさにファシリテーションそのものなのである。つまり、ファシリテーションとは、モード（A）のリーダーシップと、ほぼ同義であると考えることができるのだ。

モード（A）のリーダーシップは、小文字のfとしてのファシリテーションと、大文字のFとしてのファシリテーションとを貫く「基本姿勢」のようなものとして捉えることができるのかもしれない。

第3章 まとめ

1 ソーシャル・ファシリテーションに必要な働きかけは、働きかける対象ごとに**組織**、**個人**、**個別企画**、**事業全体**の四つに分けられる。

2 **組織**に対する働きかけとしては、最善の解決策を粘り強く考える**ネゴシエーション**、対等につないで調和を生み出す**コーディネーション**などがある。

3 **個人**に対する働きかけとしては、一人ひとりの力を引き出すための**コーチング**や**メンタリング**などがある。

4 **個別企画**に関する働きかけとしては、小文字のfとしてのファシリテーションのほか、コンセプトを明確にし、プログラムを考える**プロデュース**などがある。

5 **事業全体**に関する働きかけとしては、**リーダーシップ**や**マネジメント**があり、この二つはソーシャル・ファシリテーションの基盤として捉えることができる。

chapter 4

Challenge to Social Facilitation

ソーシャル・ファシリテーションの現場

本章では、ソーシャル・ファシリテーションの実践例を見ていく。できるだけさまざまな領域での事例に触れていただくために、六つの分野における実践を取り上げる。順に、福岡県での地域づくりの事例、熊本県での災害復興の事例、静岡県での医療・福祉の事例、茨城県での社会教育の事例、宮城県での市民活動の事例、そして、茨城県での政策提言の事例である。それぞれ、具体的な働きかけには★印を付し、参照ページを記した。

読者には、それぞれの事例において、小文字のfがどのように活用されているか、そして大文字のFとしてどのような働きかけがなされているか、注意深く読み解いてほしい。本章を読み終えるころには、ソーシャル・ファシリテーションの具体的なイメージが、しっかりとつかめているはずだ。

section
1

地域づくり分野

まちづくりは、対話の文化を広げること

津屋崎ブランチ（福岡県福津市）

地方では、人口流出、若者の減少、中心市街地のシャッター街化など課題が山積しており、同時に財政状況も厳しくなっている。しかしそのような中でも、地域の資源を引き出し、いきいきとまちづくりに取り組む地域がある。ここに紹介するのは、福岡県福津《ふくつ》市で対話を通じたまちづくりに取り組んでいる、津屋崎《つやざき》ブランチ代表のまちづくりファシリテーター、山口覚《やまぐちさとる》さんの実践である（聞き手：鈴木）。

──津屋崎ブランチの概要を教えてください。

山口：福津市は、福岡市と北九州市のほぼ真ん中に位置しています。津屋崎は、その福津市の中でも、豊かな自然と町並みが残り、人情や思いやりが残る地域です。津屋崎ブランチとは、二〇〇九年に立ち上げた、「本当の暮らし・働き方・つながり」を実現する、進化する地域おこしプロジェクトです。スタッフは全国から公募し、まちづくりの経験がない若者を採用しました。現在では、古民家再生・移住支援・起業支援・対話の場づくりの四つを活動の柱としています。

──山口さんが津屋崎に関わるようになったきっかけは？

山口：私は北九州出身なので、東京のゼネコンで働いているときから「いつか福岡に帰り、まちづくりに関

わりたい」と思っていました。都市計画の部署で仕事をしていたときに、開発の計画案に関して推進・反対の両派が同席している説明会での混沌とした状況を見て「話しあいをうまく進めるには何が必要なのか」ということを考えるようになり、ファシリテーションを意識するようになりました。その後、財団に出向してファシリテーターが進行する話しあいに出会い衝撃を受け、「これは社会を動かす力になる」と、私自身が学びと実践を重ねていきました。そのころ私は、自分の仕事に不自然さを感じていました。会社というのはよりよい社会を実現するためにあるはずなのに、主客が逆転して、会社の存続のために不正を働いたり、自分を押し殺したりしながら働いている人がいる。結果、自然も社会も、人の心までも壊して、しかも「どうせ変わらないよ」と思っている。本当は誰もが「自己実現したい」とか「社会をよりよくしたい」と思っているにもかかわらず、現状にとどまっている。そんな社会を変えたいと思いました。その一つの答えが、ファシリテーションを活かしたまちづくりだと考えたのです。

まちづくりは、地方のほうがやりやすい。仕組みが完成されていないし、隙間がある。スピードもゆっくりだし、自然も豊かで、チャンスだらけだと思いました。そして小さなまちだからこそ、福祉や観光など、分野を超えてすべてを有機的につなげていけるはずだと考えたのです。また、財団出向中に過疎地域の現状に触れ、ハード事業ではなくソフト事業が不可欠になるとも感じていました。そこで、NPO法人地域交流センターの専従職員となり、二〇〇九年から福津市津屋崎に移住して、内側からまちづくりをファシリテートしていくことにしたのです。

――具体的には、どのような取り組みをしていますか？

山口：たとえば、空き家対策として古民家再生を行っています。空き家の持ち主と空き家利活用の話しあいをする場では、まずはその人にとってその家がどれだけ大事なのか、よく聴いてしっかりと理解することを大事にしています（★傾聴→81ページ）。その上で、その家が地域にとっても財産なのだということを理解していただくために、じっくりと話しあいます。そのようにして、持ち主が納得感を得ながら再生していくように進めました。

地域の大人と学校とをつなぐ取り組みも行いました。私が中学校のコミュニティスクール運営協議会の委員のときに、来年度の事業として何をしようか、という話しあいになりました。重鎮の方々から「挨拶運動だ」という意見も出ましたが、私は「なぜ、この話しあいの中に当事者である子どもがいないのでしょうか？　大人だけで話しあいをしても、結局、大人が自己満足するだけの活動になってしまうのではないでしょうか？」と問いかけ、「子どもたちとの話しあいをやってみませんか？」と提案しました（★コーディネーション→77ページ）。すると校長先生が、「よく分からないけど、山口くんがここまで熱心にいうのだからやってみよう」といってくれたんです。「何だか分からないのでやめよう」ではなく「何だか分からないけどやってみよう」という、その一言が扉を開いてくれました。話しあいのコンセプトは、「大人が本気の背中を見せる」

写真 4-1　学校での話しあいの様子

になりました。
当日の話しあいは、ワールド・カフェで進めました。問いは、「大人になる前にやっておきたいことは？」としました（★発問↓40ページ）。私が子どもたちに「みんなが何をいったかは先生にいわないから、本当に思っていることを話してね」というと、子どもたちは「本当に、本当のことをいっていいの？」と二回確認してきました。普段、いかに大人の前で、本当のことをいえないでいるかが分かる、忘れられない出来事でした。当日は、より対話が進むように、はじめは大人同士、子ども同士での対話からスタートしました。話しあいのルールとして、大人たちには「説教しない、同意を求めない、評価しない」、子どもたちには「答えをいおうとしない、大人の顔色を見ない」ということを伝えました（★オリエンテーション↓35ページ）。また、「大人はぼくたちに失敗をさせてくれない。安全な環境の中で、子どもに失敗させるのが大人だ」という発言を受けて、大人たちが「大人も本気で向きあわないと、子どもも本気で向きあってくれない」ということを実感し、子どもたちから出たアイデアを実現させていきました。子どもが本音で話してくれ、大人がそれを受けとめてしっかり応えることで、信頼関係がつくられていきました。

――まさに「対話」ですね。対話を大事にしているのはなぜですか？

山口：地域社会では、誰かの発言を否定するということは、その人の人生を否定することにもなりかねません。「あいつは嫌いだ」となったら、同じ地域で顔をあわせて何十年も生きるのは辛いことです。たとえ考え方が違っても、「お前はそうかもしれんね、でも、俺はこうなんだ」「そうなんだね」と、相手を受け入れ、自分の思いを素直に伝えられる対話が大事なのです。
それに、まちづくりでは、誰も給料をもらっているわけではありませんから、「や～めた」と思えばそれで終わりです。そうならないようにするためには、たとえば話しあいにおいて、断定しないこと、耳を傾けること、自分だけが正しいと思い込まないこと、という姿勢が大切になります。そういう対話の文化を広げていくことが、すなわちまちまちづくりだと思っています。
だからこそ、どのような活動においても、まずはみんなの話を聴くところからスタートします。そして、その場にいる人に伝わる「言葉づかい」と、沈黙＝「間」を大切にしています。

――他に、まちづくりで大切にしていることは？

山口：まちづくりファシリテーターとして、自分が「やる」のではなく、いつの間にか「なる」ことを大切にしています。いい換えれば、住んでいる人たちの「思いのタネ」が芽吹く土壌をつくるために、私自身はミミズになるということでしょうか。あるいは、水をやって、枯れないように花が咲くまで見守る役割でもあります。ミミズになって津屋崎の可能性のタネが芽吹いていく肥沃な土壌をつくっていきたい。結果、地域の中にある景観、学校、ＰＴＡ、自治会、市の総合計画、福祉、起業家、古民家再生、観光などが育てばよいと思っています。
そして、「ファシリテーター＋発明家」であることを大切にしています。発明家とは、五年くらい先回りして、みんなが潜在的に持ってはいるけれど、「概念化したり言語化しきれていないもの」をつかんでくる役割

写真4-2 「プチ起業塾」の様子

のことです。そして、みんながようやく言語化してほしいと思ったときに「これですか？」と実現してあげるのが発明家だと思います（★プロデュース→83ページ）。たとえば、地域の人たちとお酒を飲みながらいろいろと思いを聴く中で、「みなさんがいっていることって、つまりこういうことですか？」「だったら、こうやったらどうでしょう？」と話しあいを進めていく。そして、やってみて何か生まれたら、地域の人たちが「俺たちのいった通りだろう？」といい、私は「本当にそうなりましたね！」という。つまり、先行型で答えを教えるのではなく、後方型でみんなの思いを形にするのです。「〇〇さんのいった通りになりましたね、さすがですね」と。ずっと、そのようなプロセスを重ねてきました。

最近では、ファシリテーションを理解してくれる人が増え、徐々に「文化」になりつつあるように感じます。他の地域から移住してきた人や、津屋崎で生まれた若者にその文化が伝わり、ファシリテーションを活かした取り組みが次々に生まれています。たとえば、「まわし読み新聞」というプログラムがあります。その日の朝刊を持ち寄って、それぞれが「大事だ」「面白い」と思った記事を切り抜き、みんなで回し読みをするというものです。そのことを通じて、社会が広がっていきます。新聞を真ん中に置くことで、誰も否定せずに話を聴くという対話が始まっていくのです。このように、ファシリテーションは地域で広がり続けています。

インタビューを終えて

山口さんは子どものころから、一度立ち止まって考えるタイプだったらしい。そして、元気な仲間の中心にいても、輪の外にいるグループも気になり、「一緒にやろうよ」と声をかける。そもそも人が好きで、だからこそ対話を愛しているのだろう。第一章第二節で、対話においては、自らの立場を絶対視しないこと、評価・判断を少なくともいったん保留することが重要であることを指摘したが、山口さんはまさにそのような対話の場をつくり続けている。地域の人々の声を丁寧に聴き、問いかけるという小文字のfを積み重ねることで、思いを広げたり深めたりしながら、行動へと促しているのだ。

そして、「発明家」という言葉で、まちづくりのグランドデザインを考えるという大文字のFを表現しているのが印象的だった。重要なのは、そのようなグランドデザインを実現するための取り組みを自らが「する」のではなく、地域の人々との対話の中でカタチにしていっている点である。山口さんはそのようなあり方を「先行型ではなく後方型」と表現しているが、そこからは、「誰もが自分の考えを持ち、社会をよりよくしようと思っているはず」という、人への強い信頼感と愛情が感じられた。

（鈴木）

山口　覚（やまぐち・さとる）

一九六九年、福岡県生まれ。九州芸術工科大学（現九州大学）環境設計学科卒。二〇〇二年より、NPO法人地域交流センターにて全国の地域づくりに携わる。二〇〇五年に福岡へUターン、二〇〇九年に福津市津屋崎の小さな海沿いの集落に移住し「津屋崎ブランチ」を開設。現在、津屋崎ブランチLLP代表、一般社団法人まち家族代表、LOCAL & DESIGN 株式会社代表取締役、慶應義塾大学大学院政策・メディア研究科特任教授。趣味はローカル線の旅。

section 2

足湯ボランティアから、会議のコーディネーションへ

災害復興、防災・減災分野

（熊本県上益城郡嘉島町）

序章で記したように、筆者らは二〇一一年三月の東日本大震災を機に、所属していたNPO法人日本ファシリテーション協会内に「災害復興支援室」を設置し、被災地での活動を始めた。東日本大震災以降も日本各地で災害が多発し、さまざまな地域で支援活動に関わってきた。

災害が発生した後、多様な被災者のニーズに寄り添いながら支援を行うために、「災害対策本部会議」「県域ネットワーク会議」「災害ボランティアセンターミーティング」など、数多くの話しあいが行われる。しかし、ファシリテーションが必要とされるのはそれらの会議にとどまらない。発災後の混乱時には、目に見えない多くのところで潜在的なニーズが存在するのだ。事例として紹介するのは、二〇一六年四月に発生した熊本地震において、鈴木がファシリテーションを活かした支援をしたケースだが、現地からファシリテーターを要請されたり、鈴木がファシリテーターを名乗って現地入りした事例ではないことに注目してほしい（聞き手：徳田）。

――嘉島町で復興支援に携わるようになった経緯を教えてください。

鈴木：熊本地震によって、震源地に近い上益城《かみましき》郡嘉島町《かしままち》では最大で一一ヵ所の避難所が開設され、一五八〇

人の避難者が出ました。嘉島町に初めて入ったのは、発災から一ヵ月後のことでした。私の地元の、静岡県ボランティア協会と静岡県社会福祉協議会が呼びかけた、「熊本県災害ボランティア第一次有志チーム」の一員としての参加でした。活動内容は、避難所の足湯ボランティアでした。足湯ボランティアとは、避難所で足湯の機会と場を提供し、その間に被災者からいろいろなお話を聴いて、困りごとを関係機関につなげるというものです。ですので、この時点では話しあいを支援する予定はなかったのですが、念のため、水性マーカー、A4白紙、付箋、バインダーなどのファシリテーション道具を荷物の底に入れておきました。

そのころ、指定避難所の町民体育館には約六〇〇名の避難者がいましたが、多くの問題が発生していました。避難所を運営する役場職員の疲労は既にピークに達しており、加えて、避難者からの「トイレが汚れている」等のクレームや要望の嵐。この課題を解決するために、避難所の運営を、行政主体から避難者による自主運営へ移行することが検討されており、そのためのコーディネート人材を探しているタイミングだったのです。先遣隊として現地入りしていた静岡県のボランティアの方が、私がファシリテーターであると知っており、役場の方に紹介いただいたのがきっかけで、コーディネーターを引き受けることになりました。

——コーディネーターとしての活動は、どのように始まりましたか？

鈴木：避難所自主運営のための話しあいは、避難所となっている体育館の二階の板の間で始まりました。まずは、避難所運営の担当をしている町民課戸籍係の係長Sさんの話を聴くことから始めました。私は「記録ボランティア」と名乗り、板の間に広げた紙にSさんの話す内容を見えるように書いていきました（★可視化

↓44ページ)。具体的な避難所運営の話を始めかけたSさんに、「まずはここまでの話を聴かせてください」と頼みました。Sさんはぽつぽつと話し始め、私は口を挟まずにただ聴き続けました(★傾聴↓81ページ)。そして、私はSさんに問いかけました。「ちゃんと泣いていますか?」Sさんは、「それが泣けないんですよね」と答えたとたんに大粒の涙をこぼしました。私は涙が止まるまで待っていました。

Sさんは、避難者に対して他県の避難所運営マニュアルの説明会を開催しようとしていましたが、このときの「話をじっくり聴いてもらう」という体験から、「被災者も話を聴いてほしいのでは?」と感じたようで、さらにそこから「ただマニュアルに従うのではなく、運営方法を被災者自身で考えてほしい」と考えが変化していきました。

次に、避難所の運営方法を考える話しあいを行いました。Sさんが避難者の中から代表と副代表を引き受けてくれそうな二名に声をかけ、四人で床に座っての話しあいです。ここでも私は「記録ボランティア」と名乗り、トイレ掃除は? 掲示物は? と出てくる意見を付箋に書き、項目ごとに紙に貼っていきました。ときには「芸能人の○○さんに来てほしい」など議題から外れた発言もありましたが、すべて書いていきました。必要に応じて質問することで、運営方法がまとまっていきました(★発問↓40ページ)。

そして、代表と副代表が避難所内に声をかけ、班長を募りました。私が代表に「班長会議では、代表・副代表で決めた運営方法を説明するのですか?」と

写真 4-3　避難所の体育館での話しあい

確認したところ、ここでもSさんに起こったのと同じような変化が感じられました。彼らは、「自分たちが話しあって決めた」という体験から、「班長たちも運営について意見がいいたいのでは？」と感じ、「運営方法をこちらから提案するのではなく、みんなで話しあって決めたい」と考えるようになったのです。

——なるほど。では、運営方法は班長会議で決めることになったのですね？

鈴木：そうです。これこそ「自主運営」ですよね。班長会議には、地元のＮＰＯ仲間にも板書役で入ってもらいました。避難所の体育館には大人数で会議をするスペースがないので、近くの子育て支援センターを会場としました。案内されたのは会議室でしたが、班長のみなさんが緊張するのではないかと思い、和室をお借りして車座で会議をすることにしました（★フォーメーション↓33ページ）。ここでの進行は代表にお願いし、私たちは「記録ボランティア」を名乗って輪の中に入りました。

会議開始時はなかなか意見が出なかったため、代表に提案して二人一組で話しあってもらったところ、活発に意見が出るようになりました（★グループサイズ↓34ページ）。出た意見は大きく書き出して、必要に応じて質問をすることで、避難所の運営方法がまとまっていきました。

決まった運営方法は、大学生の班長が模造紙に書き出し、避難所の入り口に貼りました。自主運営がスタートした朝は、張り切って早起きしすぎた掃除担当もいたと聞いています。それから八月三一日の避難所閉鎖まで、班長たちを中心に自主運営が続きました。

――避難所支援以外には、どのような支援活動をしましたか？

鈴木：避難所の自主運営への移行をサポートするプロセスを、町民課の課長・係長とともに進めることで、徐々にお互いの信頼関係が築かれました。そんなこともあり、避難所担当の町民課、仮設住宅担当の農政課、地域支え合いセンター担当の社会福祉協議会からなる三者会議を支援することになりました。このあたりから、明確にファシリテーターとして活動するようになったと思います。その後、役場内での災害対策本部会議や全課課長会議、地域支え合いセンターの連携会議や運営会議など、多数の会議を支援するようになったため、日本ファシリテーション協会災害復興支援室としての組織的・継続的な支援に移行しました。

写真 4-4　災害対策本部会議

どの会議も、オリエンテーションから始めました（★オリエンテーション→35ページ）。ルールとして、「思いついたらいってみる」ことを心がけるようお願いしました。「私の課には関係ない」「私の団体のことではない」と思わずに、積極的な発言を促すためです。チェックインでは、業務のことだけではなく、個人的な近況や気持ちも伝えてもらうようにしました（★チェックイン→38ページ）。「私の家も全壊でした」といった話も出て、お互いに何らかの被災をしていることが伝わり、一体感につながりました。そして、会議の終わりには、必ずチェックアウトをしました。それぞれ感想や決意などを伝えあうことで、復興へ向けての確かな一歩につなげる時間となったと思います。

ただ、支援の形は時が経つにつれ変化しています。老人会、民生児童委員会、区長会などの会長が出席する運営会議は、第三者の進行が効果的であることから、私たちが引き続き進行をしていますが、板書は役場職員が担当しています。より大きな変化があったのは、役場内での会議です。会議前後の相談には乗りますが、本番の進行は役場職員が担当し、私たちは見守るだけの役割となっています。

――そのような変化に至るまでに、どのようなことを意識しましたか？

鈴木：役場内の会議においては、進行本番より、その手前でのコーディネーションを丁寧にすることを心がけました（★コーディネーション↓77ページ）。会議前に、各課を回って話を聴くのです。災害時には、仕事の負担が大きくなる課もあれば、あまり変化のない課もあり、課同士の関係もぎくしゃくしがちです。そのような不満は、個別でなければ聞けませんからね。日々に忙殺され、精神的にも会議に出る余裕がなくなってしまった人には、会議の効果を伝えて参加をお願いしたりもしました（★ネゴシエーション↓74ページ）。また、会議の中で、参加者自身が知識不足であることに気づき、勉強会の開催を希望するような声があがったときには、東北から被災者を呼ぶコーディネートもしました。

初めて嘉島町を訪れてから一年後の二〇一七年七月、西日本を豪雨が襲い、甚大な被害をもたらしました。静岡県危機情報課の知り合いから「広島県安芸《あき》郡坂町《さかちょう》の支援をしたいのだが」と相談を受けたのですが、私は坂町に縁がありません。そこで、嘉島町の町民課課長に相談をしました。すると、町民課課長から嘉島町町長へ、嘉島町町長から坂町町長へとバトンがつながったんですね。その結果、嘉島町役場のみなさんが坂町に足を運んで体験を話したり、坂町役場のみなさんが嘉島町へ視察に行ったりと、相互に学びあう機会が生まれました。これも、ある意味でファシリテーションだったのかもしれませんね。

インタビューを終えて

足湯ボランティアとして現地に入ったものの、いつの間にかファシリテーターとして活動していたという、ユニークな事例である（ファシリテーション道具一式を持参していたところがプロのプロたる所以か）。「記録ボランティア」と称して傾聴と発問に努める（小文字のｆに徹する）ことで、「自分がそうであるように、他の被災者も話を聴いてもらいたいのでは」という気づきを生み出しているのが印象的である。

「コーディネーター」という立場から、明示的に「ファシリテーター」に移行してから、かえって大文字のＦであるコーディネーション的な働きが目立つようになっているのも興味深い点である。呼称にこだわらず、その場で求められることをすることが、現場では必要なのであろう。そして、徐々に当事者に役割を渡していき、自身は見守る立場へと軸足を移していくのも、鈴木らしい関わり方である。

なお、避難所運営が行政主導か被災者主体かは、その後のコミュニティ形成に大きな影響を与える。避難所で受動的な生活に慣れてしまうと、仮設住宅や災害公営住宅において、自ら新たな関係をつくりにくくなってしまうことがあるのだ。早い段階で被災者の主体性をファシリテートすることが、その後のコミュニティづくりをもファシリテートすることにつながるのか否か、機会を改めて検証したい。

（徳田）

section

3

医療・福祉分野

患者さんの思いを引き出し、主体性を育む

パーキンソン病全国大会実行委員会（静岡県）

超高齢社会を迎えたいま、医療や介護サービス、見守りなど、安心・安全な暮らしを送るためのシステム、いわゆる「地域包括ケアシステム」の構築が求められている。実際に各地で構築されている地域包括ケアシステムにおいては、医療・福祉分野の専門職だけではなく、地域住民もともに地域づくりに取り組むための、多職種連携会議や認知症カフェ、おしゃべりサロン、子ども食堂といった、さまざまな場が広がっている。そのような場を立ち上げたり運営したりする際に、話しあいなどの支援のためファシリテーターが関わることがある。しかし、そのような場で支援される立場の当事者たちも、受け身のままではなく、主体的に場をつくり始めている。ここに紹介する「全国パーキンソン病友の会静岡支部」の事例も、難病であるパーキンソン病の当事者たちが自ら主体的に動き始める場面に、鈴木がファシリテーターとして関わった事例である（聞き手：徳田）。

――「全国パーキンソン病友の会静岡県支部」の概要を教えてください。

鈴木：パーキンソン病は、脳の黒質という部分に障害が起きる病気です。進行性の病気で、手がふるえる、歩きにくくなるなど、さまざまな運動症状、自律神経症状、精神症状などが出てくる難病です。日本には患者

団体として「全国パーキンソン病友の会」があり、全国四七都道府県に支部があります。静岡県支部はその一つで、患者とその家族が中心となり、「ひとりで悩まないで」との思いでさまざまな活動をしています。

――どのような縁でお手伝いをすることになったのですか？

鈴木：パーキンソン病患者である義姉（夫の兄の妻）から、「友の会の静岡県支部が次の全国総会の担当県となった。実行委員会が立ち上がるので、実行委員に会議の進め方を教えてほしい」と、研修を頼まれたのがきっかけでした。全国総会は、二日間にわたって全国のパーキンソン病患者が集い、シンポジウム、分科会、総会など、さまざまな企画を用意する、参加者四〇〇人規模のイベントです。二〇一三年開催の大会に向けて、静岡県支部では一年前から実行委員会がスタートしました。実行委員会のメンバーは、患者とその家族、専門分野の大学の教員等三〇名を超えていました。義姉は実行委員会のメンバーだったので、委員会の進め方について私にアドバイスを求めてきたというわけです。その研修を通して私も必要に応じてファシリテーターとして関わることになりました。

――実行委員会を開催するにあたって、どのような工夫をしましたか？

鈴木：会議のスタートでは、オリエンテーションで「今日の会議でめざすこと」を共有し（★オリエンテーション→35ページ）、チェックインで「今日は気楽に話せるかも」と感じられる雰囲気をつくりました（★チェックイン→38ページ）。初回の会議ではどうしても特定の人が長く話し続けがちだったので、できるだけグループサイズを小さくして、全員が発言しやすくしました（★グループサイズ→34ページ）。また、パーキンソン病の症状で、よく「オン―オフ現象」と呼ばれるものがありますが、オフになるとそれまで溌剌と発言していた人が、本当にスイッチが切れたようにバタンと机に伏せて動かなくなってしまいます。ときには、会議の進行役自身がオフになることもあります。そういうときにも、とにかく回復するまで参加者と一緒にゆっくりと待ちます。当初はそのような中での進め方に戸惑うこともありましたが、徐々に慣れていきました。

――印象に残るエピソードはありますか？

鈴木：実行委員会が進む中で、大会の名称を「ふれ愛の心をつなぐ静岡大会」、テーマを「伝えたい！　共に生きる明日のために」とすることが決まりました。その後に論点となった、シンポジウムのタイトルを決めるプロセスが忘れられません。シンポジウムのテーマは「防災」でした。東日本大震災時に、避難所で病状を理解されず辛い思いをしたり、街中で被災し動けなくなったりした、東北の患者さんの体験を受けてのことでした。また、パーキンソン病患者の場合、初期のころは、職場や近所に対して自分がパーキンソン病だとカミングアウトしていない人も多く、災害時に周りの人に助けを求めにくいことなどが課題となっていたのです。

会議ではできるだけリーダーに進行をしてもらい、私はサポートをしていましたが、シンポジウムのタイトルを決める会議では、ファシリテーターを務めることになりました。まずはタイトルのアイデアとして、思いついた言葉をどんどん出してもらい、ひたすらＡ４用紙に書いていきました（★可視化→44ページ）。話しあいの結果、「災害時におけるパーキンソン病患者への支援とネットワークづくり」に決まりかけたとき、患者の一人であるＡさんから、「『支援』という言葉をやめてほしい」という意見が飛び出しました。しかし、「災害時には実際に支援をしてもらいたいから、この言葉は外せない」という意見が多数派だったのです。そこで私は改めて、「なぜ『支援』という言葉を入れたくないのですか？」と問いかけました（★発問→40ページ）。するとＡさんは、「どうして私たちはいつも支援されなければいけないのか」「この病気になってから、何かやってもらうだけの存在になったこと、そのことが辛い」と、病を得てからの思いを涙ながらに話し始めました。実行委員のメンバーたちは、静かに耳を傾け続けていました。Ａさんが語り終えてからややあって、一人の患者さんが、「そうよね。私たちだって、災害時に支援する側になれることもあるよね」とつぶやきました。その声にうなずく人や共感の表情を浮かべる人があり、それを機に場の熱量が上がりました。そこで私は、「では、もう一度話しあいましょう」と呼びかけ、話しあいが再開しました。私はひたすら参加者の発言を受け止め、問いを投げかけることで深め、それらを可視化していきました。患者さんが本気で考え話しあう、まさに産みの苦しみです。そのようにして生まれたのが、「災害時におけるパーキンソン病患者の心構えと相互支援のネットワークづくり」というタイトルでした。話しあいでは、どうしても決めることが目的になりがちですが、それぞれの深いところにある思いを引き出すことの大切さを実感しました。「患者のみなさんの思い」をファシリテートすることで「患者のみなさんの主体性」をファシリテートした時間だったと思います。

写真 4-5　実行委員会の様子

――話しあいのファシリテーションとして、さまざまな働きかけをしていますね。その他にも何か工夫したことはありますか？

鈴木：実行委員会では、大会のテーマとプログラム、シンポジウムのテーマとゲスト、資金集め、当日のボランティア集めなど、決めなければいけないことが山積していました。まずは、当日までにしなければいけないことを出してもらいました。次に当日までのスケジュールを話しあって決めていきました。私は日ごろからのボランティア活動を通して、多様なイベントの開催も体験しているので、バックキャスティングで考えること、つまり「開催日から逆算することで、いつごろまでに何が決まっていなければいけないかをイメージすること」ができていました（★プロデュース→83ページ）。話しあったスケジュールの抜け漏れを補ったり、オンーオフ現象に考慮して時間に余裕を持たせたりして、当日までの会議の大きな流れを一緒にデザインしていきました。また、ファシリテーターとして参加したにもかかわらず、大会のコンセプトなども共有していく中で、より深く関わることになり、登壇者の選定の相談などにも応じているうちに打ち合わせにも同行することになりました（★コーディネーション→77ページ）。さらに、大会を統括する立場の実行委員長に対しては、会議以外のことについても相談に乗るなど、メンタル面でのサポートもこころがけました（★メンタリング→81ページ）。

――具体的に、どのような成果がありましたか？

鈴木：話しあいを通して、災害時のカミングアウトの問題がみんなの自分事になり、普段からパーキンソン病の患者が携帯する「パーキンソン病ＳＯＳカード」（写真４－６）が作成され、大会で配布されました。カードには「使わない喜びが続くように。パーキンソン病と仲良く暮らそう。使う時は勇気を持って甘えよう。あなたの周りは親切な善人ばかりです」というメッセージが添えられていました。大会の参加者に、災害時のためにいつも持ち歩くようにしますといってもらいました。

また、想定外のうれしい出来事もありました。参加者から「ＩＴに詳しい人がいなくて困っている」との声があったため、ＩＴ会社を退職して長い間家に引きこもっていた親戚の男性を誘ったところ、会議に来てくれたのです。会議では、彼がパソコンに何かを打ち込むたびに患者のみなさんから感嘆の声があがり、終了時には、感謝の言葉が伝えられました。また患者のみなさんがオフになったり、大きく体を振ったりしながら真剣に議論を交わす姿を見て、彼も感じるものがあったのかもしれません。結果として、毎回の会議に参加しただけではなく、本番の二日間も大活躍をしてくれました。その彼は、その後しばらくして再就職しました。まさに、患者のみなさんが彼の支援者になってくれたのだと思います。

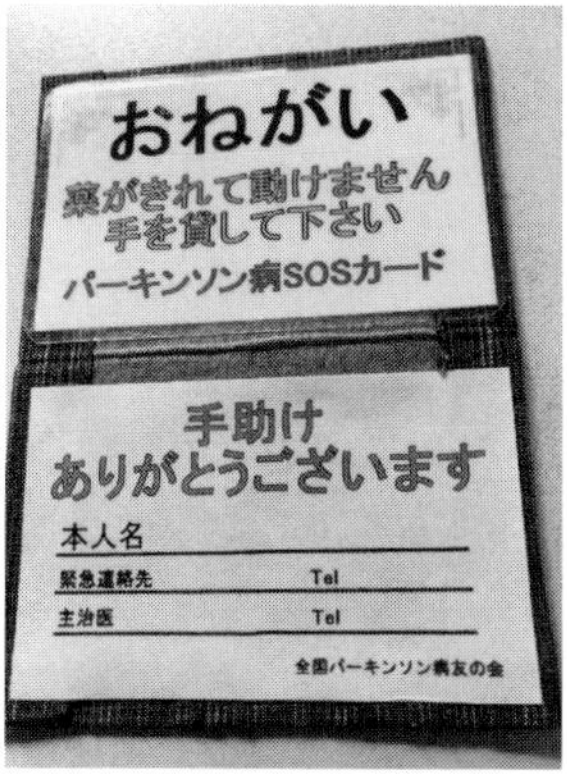

写真 4-6　パーキンソン病 SOS カード

全国大会から五年後の二〇一八年、静岡支部は四〇周年を迎え、記念イベントを開催することになりました。私は患者の家族として会場設営や当日の運営を手伝うため、再び実行委員会に参加しました。会議の場では、仲間が見守る中、板書係が体を大きく傾けながらゆっくりと板書していました。患者のみなさんが、ファシリテーションの技術を使って主体的に会議を進行する姿を目にすることができ、とてもうれしい場面でした。

インタビューを終えて

本事例では、パーキンソン病全国大会実行委員会の会議を進行するための働きかけが小文字のｆ、大会の目的を達成するために多様な方法で働きかけることが大文字のＦであるといえる。小文字のｆにおいては、じっくりと待つ傾聴の姿勢をベースにしつつ、ゴールを共有するためのオリエンテーション、話しやすいグループサイズ、思いを深め合意を促すための可視化など、さまざまな働きかけを行っている。そして、大文字のＦとして、大会に向けてのスケジューリングや、登壇者の紹介や打ち合わせ、ボランティアの集め方のアドバイスなどを行うことで、大会の成功をサポートしていた。

特筆すべきは、実行委員会において「支援する―される」という関係性が捉えなおされ、「相互支援」というコンセプトが導き出される一連の過程である。参加者に寄り添い、当事者の主体性を育む、粘り強くも控えめなファシリテーターの継続的な関わりがあったからこそ、たどり着いたコンセプトであると思われる。そしてその相互支援のあり方は、引きこもりとなっていた男性との間においても体現されている。「ＩＴに詳しい人がいなくて困っている」という理由をつけて男性を巻き込んでいく、これもまた、それがなければ交わることがなかったであろう二つの世界を結びつけ、双方に変化をもたらす、大文字のＦの一つの形である。

（徳田）

section

4

社会教育分野

学びの連鎖を生み出す市民講座づくり

つくば市民大学(茨城県つくば市)

「学びを支援・促進する」という観点から見れば、教育とファシリテーションとの親和性は高いはずである。たとえば「学校教育」においても、二〇一四年に中央教育審議会が「学修者の能動的な学修への参加を取り入れた教授・学習法」として「アクティブ・ラーニング」を提唱したことをきっかけに、「主体的・対話的で深い学び」(およびその支援・促進)の重要性が定着しつつあり、教師向けのファシリテーションに関する書籍も多く出版されるようになっている。しかしここでは、より「ソーシャル」な教育、すなわち社会教育に着目する。社会教育とは、「学校・家庭以外の広く社会で行われる教育」のことであり、必ずしも公的機関が提供する学びに限定されるわけではない。事例として紹介するつくば市民大学(茨城県つくば市)も、徳田が代表を務める民間組織によってつくられた「学びあいの場」である(聞き手:鈴木)。

――つくば市民大学の取り組みの概要を教えてください。

徳田:つくば市民大学は、金融機関(中央労働金庫)と、私が代表を務める市民組織(ウニベルシタスつくば)の協働事業として、二〇〇九年から二〇一八年までの九年間のプロジェクトとして活動を展開した、「市民による、市民のための」社会教育の場です。その名称から、つくば市が設置・運営しているように誤認されることも多かったのですが、先に述べたように、民設・民営による取り組みでした。また参加者も、つくば市民は約五割にとどまり、市外の茨城県民が約三割、残りの二割は県外在住者でした。つまり、「つくば」市民大学でも、「つくば市民」大学でもなく、つくば「市民」大学、市民性（citizenship）を磨くための学びの場、という位置づけで活動をしてきました。私たちは、「市民」という言葉に、「自分たちの未来を、他人まかせにせず、ともに創っていく人々」という積極的なイメージを込めていたのです。

つくば市民大学のコンセプトは、「まなぶ・つながる・つくりだす」というキャッチフレーズに集約されています。これは、「世代や立場、組織の枠をこえて学び、交流する中から、地域や社会の課題を解決するために私たち自身ができることを探っていく場にしよう」という思いを込めたものです。当然ながらそこでの学びは、趣味・教養的なものではなく、課題解決を意識した実践的なものであることが原則となります。

――具体的に、どのような講座を開講していたのですか？

徳田：一例として、二〇一一年に開催した「防災ラジオドラマをつくろう」という講座をご紹介しましょう。この講座では、小学生からシニア世代までの幅広い参加者が、地域にはどのような防災課題があるかを調べ、課題を解決するためにはどのような行動が必要かを考え、それをもとにドラマづくりのアイデアを出し、アイデアを元にシナリオをつくり、それぞれの得意分野を活かしながら演出や音響効果、配役などの役割分担を決め、演出上のアイデアを出しあい、リハーサルをしてはシナリオを書き直し……というプロセスを、四ヵ月にわたってともに体験していきました。その中で、地域のこと、防災のこと、そして、背景の異なる人同士が一緒に何かを創りだすことの難しさと面白さを、ともに学んでいったのです。つくば市やコミュニティFMラジオ局である「ラヂオつくば」との協働で完成させた最終成果物は、防災科学技術研究所の「防災ラジオドラマコンテスト」で優秀賞を受賞することができ、喜びを分かちあうことができました。つくば市民大学では毎年、このような講座を約一五〇回開催し、のべ一万二〇〇〇人が学びをともにしました（★プロデュース→83ページ）。

――講座を開くにあたっては、どのようなことを大切にしていましたか？

徳田：講座開催にあたっては、「参加・体験型で、相互作用を大切にすること」という原則を大切にしてきました。それは、つくば市民大学が、単に「まなぶ」ことにとどまらず、「世代や立場、組織の枠をこえて交流する（つながる）中で、地域や社会の課題を解決するために私たち自身ができることを探っていく（つくりだす）」ことを意識していたからです。一方通行の講義形式では、参加者同士が「つながる」ことはできませんし、また「教えられる」だけでは、そこから主体的なアクションを「つくりだす」ことは困難です。だからこそ、対話などを通じて互いに「学びあう」ことを大切にしてきたのです。

たとえば、先にご紹介した「防災ラジオドラマをつくろう」では、私がファシリテーターを務めたのですが、オリエンテーションで方向づけをし

写真 4-7　自分たちのシナリオでラジオドラマを収録

（★オリエンテーション→35ページ）、一人一言のチェックインで始まって（★チェックイン→38ページ）、机・椅子の配置や話しあう人数を変えながらアイデアを出しあい（★フォーメーション→33ページ、グループサイズ→34ページ）、板書による「可視化」で意識を重ねあわせたり、軌道修正したり、合意形成を図ったりして（★可視化→44ページ）、一人一言のチェックアウトで終わる……というのを基本の流れとして、「学びあいの場」を実現しました。

――でも、徳田さんがすべての講座を企画・運営したわけではないですよね？

徳田：はい。ですので、講座でファシリテーター役を担える仲間の輪を広げるために、定期的に「ファシリテーション講座」を開催しました。受講者はのべ九〇〇名に及びましたが、これもつくば市民大学の大きな特徴ですね。

しかし、狭い意味でのファシリテーター的な働きかけだけでは、講座の企画・運営を担うことはできません。コーディネーター的な働きかけも重要となります。すなわち、講座における「送り手」（企画者、進行役、話題提供者など）と「受け手」（参加者）とを「対等につなぎ、調和を生み出す」ことですね（★コーディネーション→77ページ）。

具体的にどのようなコーディネーションが必要になるかというと、まず送り手に対しては、「つくば市民大学とはどのような場か」をしっかりと伝え、その上で、講座のコンセプト（対象者はどのような人々か、目的・目標は何か）をともに考えます。そして「当日、進行役や話題提供者はどのような役割を担うか」と、

「当日までに必要な、具体的なアクションは何か」をアドバイスします。一方、受け手に対しては、チラシやウェブで講座の魅力を伝え、申込者には「参加のしおり」を送ることで、どのように場に臨んでほしいのかを伝えます。このように、両者に適切にアプローチしていくことが、「講座のコーディネーション」の基本です。これらを、実際に体験しながら学んでいくわけです。そのようにして、企画・運営の担い手を増やしていくことを意識しました。

――なぜ「担い手」を増やすことが重要なのでしょう?

徳田：つくば市民大学は、「地域や社会の課題を解決する」ことをめざす講座を開く場です。そこで講座を担う人が増えるということは、活動の担い手が増えるということを意味するからです。

　つくば市民大学の特徴の一つに、「参加者がいつでも企画・運営する側に回ることができる」という点がありました。これは、先に述べた二つの点、すなわち、講座がすべて対話形式であることと、適切なコーディネーションがあることが基盤となっています。

　講演や座学といった一方通行の形式では、どうしても「教えてあげる」「教えてもらう」という関係が固定してしまいます。それに対して対話を通じて「ともに学びあう」という形式であれば、テーマさえ掲げることが

写真 4-8　「理想の公園」づくりを考える講座も開催

できれば、そして、そこに適切なコーディネーションがあれば、誰もが「送り手」になれます。Aという講座に参加した人が、Bという講座を開く。そしてB講座の参加者が、C講座を開講する。このような「学びの連鎖」を実現することで、「担い手」を増やしていきました。

――具体的に、どのような成果がありましたか？

徳田：プロジェクトとしてのつくば市民大学は、二〇一八年で活動を休止しましたが、現在、そこに集いあい、学びあった人々が、それぞれさまざまな活動を展開しています。たとえば、最初はファシリテーション講座の受講生としてつくば市民大学に関わり始めたWさんは、その後「震災後の生き方・暮らし方を考える講座」を企画・運営し、現在では講座で出会った人々とプレーパークづくりに励んでいます。また、もともとアートに関心があったKさんは、つくば市民大学の学園祭に参加した際に車椅子ユーザーの方と出会ったことをきっかけに、バリアフリーとアートを組み合わせた企画、たとえば「視覚障害があってもなくても楽しめる写真教室」「聴覚障害があってもなくても楽しめる音楽教室」などを次々に実現し、現在ではさまざまな団体からワークショップの開催依頼を受けるようになりました。「ファシリテートされた経験が、他の人々をファシリテートする」循環は、地域の中で確実に続いています。

インタビューを終えて

本事例では、一つひとつの講座（ワークショップ）を進行するのが小文字のf、その講座を企画・運営するのが大文字のFであると整理することができるだろう。小文字のfにおいては、空間のデザイン、オリエンテーション、可視化などが効果的に用いられていた。また大文字のFでは、「送り手」と「受け手」を対等につなぐコーディネーションが重要であるとされていたが、「企画の立案」であることを考えれば、当然プロデュースの技術も求められるだろう。

面白いのは、「地域や社会の課題を解決する」ことが、二重・三重の意味で追究されている点である。単に、そのようなテーマの講座を開くだけでは、具体的なアクションにつながりにくい。参加者間の相互作用を意識した講座であることで、アクションに向けてのつながりが育まれる。さらに、多くの人が自らのテーマを掲げて講座の「担い手」となることができ、そして講座を運営する中で、アクションに必要な（小文字と大文字の）ファシリテーション技術を習得していく。つくば市民大学は、いわば「ソーシャル・ファシリテーター」の育成機関であったといえるだろう。

（鈴木）

section

5

市民活動分野

長期的視野で地域と向きあうNPOをサポート

奏海の杜（宮城県登米市）

社会的な課題の解決のために、市民が協力しあいながら目標に向かって進んでいく。そのような市民活動の場におけるファシリテーターは、仲間同士が聴きあい、認めあい、分かちあい、支えあおうとするこころを育み、支える存在である。ここに紹介するのは、宮城県仙台市を拠点に活動するファシリテーターである遠藤《えんどう》智栄《ちえ》さんが、あるNPO法人のビジョンづくりを支援した事例である。一年以上をかけて、メンバーが一つのチームになっていくプロセスを追いかけてほしい（聞き手：鈴木）。

――「奏海の杜」の概要を教えてください。

遠藤：奏海《かなみ》の杜《もり》は、東日本大震災後の二〇一一年六月に活動を開始した「被災地障がい者センター南三陸」を母体とするNPO法人で、「障がい児・障がい者ならびにその家族、および高齢者や子どもたちのよりよい地域生活の実現に向け、その支援活動の拡充と社会的環境の整備を図り、健全で安全な社会の実現と障がい者福祉を通じた地域振興に寄与すること」を目的としています。現在は、宮城県登米《とめ》市で放課後デイサービス「子ども広場にこま～る」を運営し、「障がいがあってもなくても誰もが自分らしく暮らせる地域」をめざして活動を続けています。

——どのような縁でお手伝いをすることになったのですか？

遠藤：私が継続的に組織強化のサポートをしていたＮＰＯ法人の代表が、奏海の杜を紹介してくれました。そのころの奏海の杜は、南三陸町と登米市の二つの拠点を登米に統合した時期だったのですが、スタッフの考え方や文化が少しずつ異なる中で「一つになった奏海の杜を新しい体制でどう進めていくか」という課題と向きあう段階で、私がファシリテーターとして関わることになったのです。この時点で代表の太斎《だざい》京子《きょうこ》さんは、すでにいろいろとやりたいことを持っていました。それを私がインタビューで引き出し、一年以上の長期にわたる「Team Kanami ワークショップ」のプログラムをデザインしていきました（★プログラム・デザイン→85ページ）。

——具体的には、どのようなプログラムでワークショップを進めたのですか？

遠藤：以下のようなプログラムでワークショップを進めました。

第一回「かなみのコト・みんなのコトをより知ろう、語ろう」
第二回「私たちのめざすものを語りあおう～こんな地域になったらいいな」
第三回「私たちが取り組む方向性・アクションを考えよう」
第四回「寄付金について考えよう」
第五回「深めたい二つのプロジェクトについて考えよう」
第六回「私たちの企画案と募金作戦を考えよう」
第七回・第八回「働く場――同じものを見て感じて奏海の将来を考えよう」（1泊2日の合宿形式）
第九回「私たちの実践を振り返り、今後の企画の準備を始めよう」
第一〇回「事業計画について振り返ろう」

第一二回「〈問い〉を深めよう」
第一三回〜第一六回「活動の目的・企画を考え、成果を意識しよう」

写真 4-9　ワークショップはヨガからスタート

——ワークショップでは、どのようなことを大切にしていましたか？

遠藤：ワークショップという形式自体に慣れていないスタッフが多い中、みんなが安心して意見を出せる場を丁寧につくることを意識しました。たとえば第九回は、ヨガからスタートしました。体と頭の準備体操のために、体を動かすところから始めたのです。何をやるかは私が決めるのではなく、メンバーが一人ずつ自分の好きなポーズをとり、それをみんなで行うという進め方でした。体がほぐれると心もほぐれ、自然と対話がファシリテートされていきました。また、気楽に発言ができるように、少人数での話しあいを多く取り入れ、目的に合わせて二人、三人、四人、一〇人と、グループサイズを変化させました（★グループサイズ→34ページ）。

発問も工夫をしました（★発問→40ページ）。体験を語る問いから始めること、徐々にステップアップすることを意識しました。たとえば第四回の「寄付金について考えよう」では、「どうしたら寄付をしてもらえるか？」という問いからスタートするのではなく、自分が寄付をした体験を思い出してもらい、「なぜ寄付をしたのか？」「寄付をした団体に望むことは？」と問いかけるところから始めました。そして、徐々に「寄付を受ける側」へと視点を移すことでステップアップしていきました。

また、付箋に書いて意見を出すという方法もよく用いました（★可視化→44ページ）。「書く」という動作を通じて一人で考える時間をとることで、一人ひとりの考える力が育まれるからです。たとえば第二回の「私たちのめざすものを語りあおう」では、「なぜステークホルダーが奏海の杜に関わってくれるのか」をテーマに、奏海の杜の未来像を夢レベルで話しあいました。最後には未来像を一人ひとりが文字で表現することで、それぞれの思いが消えてしまわないようにしました。そして第三回の「方向性・アクションを考えよう」では、その未来像から具体的なアクションを抽出し、「団体内ですること」「団体外ですること」に分類するとともに、一から一〇年という時間軸で振り分けて可視化しました。

――中期ビジョンの策定までたどり着くために、どのような働きかけをしましたか？

遠藤：スタッフの思いを語る「対話」を大切にしてワークショップを進めましたが、それだけでは全員が納得できるビジョン、そしてそれを企画書にまとめるところまでは到達できなかったと思います。第一二回から第一六回の「活動の目的・企画を考え、成果を意識しよう」では、子どもたちを観察するポイント、言葉かけの際の工夫などを学び、それを活かした個別支援計画のケースワークを取り入れました。このケースワークは、メンバーが自分たちでできるようになるまで行いました。

法人の理念や中期ビジョンを考える場面では、「障がいがあってもなくても誰もが自分らしく暮らせる地域」をよりイメージしやすくするための

写真 4-10　「大切にしたいこと」を話しあう

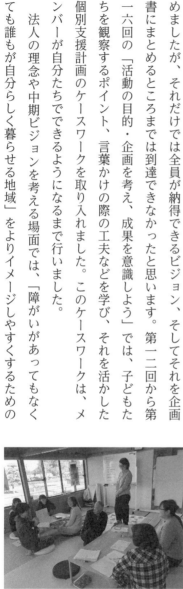

トレーニングを行いました。あらかじめ個々のメンバーに対して、一人の障がいのある子どもをイメージして、その子どもの特徴や置かれた状況などを考えてきてもらうようにしました。ワークショップでは、五年後、一〇年後と、成長とともに出てくるであろうその子どもや保護者の課題を考えてもらいました。そして、そのような子どもたちや保護者が、地域で暮らし続けていくために、法人としてどのような取り組みをしていけばよいか、初期、中期、長期で話しあっていきました。言葉を紡ぎ出すために、「大切にしたいこと」を、①子どもたちに対して、②スタッフ同士で、③団体運営で、④地域と向きあうときに、という四つに分け、順番に時間をかけて話しあってもらいました。また、他団体のビジョンを情報提供したり、いままでのワークショップで積み重ねてきた資料を改めて確認したり、登米市の障がい児に関わる計画を確認したりしながら進めていきました。

――話しあいのファシリテーションだけではスタッフが納得できる成果にたどり着かなかったと思いますが、どのような工夫をしましたか？

遠藤：必要に応じて、情報提供も行いました。特に意識したのは、考える際の「枠組み（フレームワーク）」の提供です。たとえば、やりたいという思いを「企画」にまとめ上げるためのポイントとして、6W3H（→86ページ）で組み立てる方法を具体的に伝えました。また、NPOの資金源についても、①助成金・補助金、②委託、③会費、④寄付という四つの要素に分解し、それぞれについて詳しくレクチャーしました。募金活動についても、まずはNPOの資金の勉強から始め、それをもとに募金額を決めました。あわせて、必要なアクションを、①募金期間前、②募金期間中、③募金期間後、④次に向けて、という四つの段階で考える方法を伝えました。また、募金活動の進捗確認の方法など、マネジメントに関するスキルもレクチャーしました（★マネジメント↓87ページ）。その結果、目標額に達することができました。

毎回のワークショップ終了後には、振り返りを通じてリーダーへのコーチングを行いました（★コーチング↓80ページ）。ただ、やはりベースは話しあいのファシリテーションだったように思います。ワークショップを重ねるごとに、法人内では普段の話しあいの時間が増え、「話すって楽しい、意見を出すのは楽しい」という雰囲気が生まれたそうです。それまでとは違った話しあいの仕方に触れることで、何かあれば話しあいをしようという文化が育まれていったのだと思います。

その後、奏海の杜は、ビジョン策定の話し合いから生まれた「新しい拠点の設置」の検討を進めました。ワークショップ開始から四年後の二〇二一年六月には、新たな拠点施設「交ゆう館かなみ」で多機能事務所として活動開始。共に働くスタッフ同士のチームビルディングを行い、参加型で改善やアイデアを出して活動を展開、中期ビジョンの具現化が着実に進んでいます。

遠藤智栄（えんどう・ちえ）

一九六九年、山形県生まれ、仙台市在住。経済雑誌の編集企画、農山漁村の活性化のコンサルティング、ＮＰＯの中間支援等の活動を経て独立。現在は、共創でのソーシャル・デザイン、人材育成、地域づくり、組織開発などの支援と実践を手掛けている。ＮＰＯ地域社会デザイン・ラボ代表、株式会社ばとん代表取締役。好きなものは景観散歩とクラフトビール。

インタビューを終えて

ワークショップの各回の進行、すなわち小文字のｆにおいては、さまざまな働きかけが効果的に用いられていた。しかしそれ以上に注目すべきは、一六回にも及ぶワークショップをデザインする、プロデューサーとしての顔である。参加者がお互いから学びや気づきを得て、それを実践していくことができるよう、緻密に段階が考えられている。

そしてもっとも印象深かったのは、一つのＮＰＯが未来に向けて進んでいくプロセスにおいて、ファシリテーターが持っている情報や知恵を惜しみなく提供しながら、リーダーを支え続けたことである。インタビューの後、代表の太齋京子さんからコメントをいただいた。「遠藤さんからの、リーダーである私へのフォロー、意識づけによる効果が大きかったと思います。リーダーが、ワークショップで出た意見を現場に活かすよう強い気持ちで日々フォローしないと、話しあいの場が成果につながらないのではないかと思います。遠藤さんには、そういうリーダーに育てていただきました」。

ファシリテーションを「話しあいの支援・促進」と捉えるならば、レクチャーはファシリテーションではない。しかし、「市民活動そのものの支援・促進」と捉えるならば、それは重要なポイントとなるだろう。遠藤さんの働きかけは、市民活動を熟知しているからこそ可能となる、まさに大文字のＦなのである。

（鈴木）

section

6

政策提言分野

企画・設計の上流工程から深く関与する

気候市民会議つくば（茨城県つくば市）

猛暑や豪雨など、地球温暖化が原因と考えられる異常気象による災害が相次いでいる。世界各国の科学者でつくる国連のＩＰＣＣ（気候変動に関する政府間パネル）は、「気候変動の原因は人間の活動による温室効果ガスの排出」と明言しており、日本政府も、二〇五〇年までに温室効果ガスの実質排出量をゼロにする、カーボンニュートラルをめざすことを宣言している。

このような「脱炭素社会」への転換に、ファシリテーターはどのように関わることができるのだろうか。ここで紹介するのは、抽選によって選ばれた一般市民が気候変動対策を話しあう「気候市民会議」の取り組みである。小文字のｆ・大文字のＦをフルに活用したファシリテーターの動きに注目してほしい（聞き手：鈴木）。

――「気候市民会議つくば」の概要を教えてください。

徳田：まず「気候市民会議」ですが、これはその名の通り「気候変動対策に関する市民会議」です。ただ、日本語で「市民会議」というと、単純に市民が集まる会議体をイメージしてしまいますが、一定の形式に基づいて実施される Citizens' Assembly という英語の訳語である点に注意が必要です。一般市民からの抽選で「社会の縮図」をつくること、参加者が学習・熟議・投票を行うこと、提言を通じて法律や政策に影響を与えること――という三つが、市民会議の特徴です。

いかにして脱炭素社会を実現するかを考える気候市民会議の試みは、欧州を中心に広がっています。二〇一七年のアイルランドを皮切りに、二〇二二年末までに百を超える実施例があります。日本でも、二〇二〇年に札幌市で行われて以降、二〇二三年末までに十以上の気候市民会議が実施されています。

「気候市民会議つくば」は、その中の一つです。抽選で選ばれた五〇名のつくば市民が、二〇二三年九月から十二月にかけて、全六回の会議を通じて、「二〇五〇年に〈ゼロカーボンで住みよいつくば市〉を実現するために、市と市民には、どのような取り組みや施策が必要となるか？」を考え、提言をまとめました。

――徳田さんが会議に関わるようになったきっかけは？　そして、どのように関わったのですか？

徳田：もともと市民会議に興味があり、二〇二二年一月から有志で、海外の事例を調査する「世界の気候市民会議研究会」というオンラインの研究会を開いていたのですが、時を同じくして、「つくば・市民ネットワーク」という市民組織から「つくばでも気候市民会議を開催したい」という声が挙がり、私も協力して、同年七月に二日間の「気候みらい会議 in つくば」を実施しました。これはあくまでも、市民組織の主催による「試行」だったのですが、その後、つくば市でも本格的に実施が検討されるようになり、実行委員会形式（共催：つくば市・産業技術総合研究所・国立環境研究所・筑波大学）での気候市民会議の開催が決定しました。

私は、実行委員会のもとに設置された「設計・運営ワーキンググループ」の一員として、主に三つの側面から関わりました。一つめは、会議の設計です（★プロデュース→83ページ）。「気候みらい会議 in つくば」での試行実践と、「世界の気候市民会議研究会」などでの海外十七・国内四事例の分析に基づいて、ワーキンググループのメンバーとともに、「他地域のモデルとなるような、現時点で最良の気候市民会議」を実現するべく、知恵を絞りました。

二つめは、ファシリテーション・チームの編成です。五〇名の参加者は、毎回九つのグループに分かれて話しあいますが、グループに入らずに全体をみるメンバーも含め、計一二名のファシリテーターでチームを構成しました。会議の前後には、必ずオンラインでの打ち合わせと振り返りを行い、主催者、ファシリテーション・チーム、参加者の三者をつなぐコーディネーションを行いました（★コーディネーション→77ページ）。

そして三つめとして、会議当日の全体進行（メイン・ファシリテーター）を担当しました。

――なるほど。企画において工夫したポイントには、どのようなものがありますか？

徳田：大きく分けて、三つの点に注力しました。一つめは、参加者が統計的に「つくば市の縮図」となるようにすることとです。そのためには、まず無作為に案内状を送り、応諾者のプールをつくった上で、年齢・性別・地域などの属性が母集団と同じ比率になるよう、もう一度層別の抽選を行う必要があります。このとき、参加者数の十倍、つまり気候市民会議つくばの場合は五〇〇名のプールがあることが理想とされているのですが、特に日本では募集に応じる人が少ないため、三倍程度にとどまってしまうことが多いのです。ですので、より多くの人が応募してくれるよう、案内状（写真４－11）や封筒のデザインに至るまで気を配りました。その結果、五〇〇〇通の案内に対し五六九名（一一・三八％）が応諾してくださり、理想の状態を得ることができ

写真 4-11　5,000 人に送られた案内状

ました。

二つめは、会議に参加できない方のアイデアを広く募ることです。前述の通り、会議に参加できるのは抽選で当たった方に限られます。また、対象者が十六歳以上に限定されていましたので、子どもたちの声を反映することもできません。そこで、「ゼロカーボンで住みよいつくば市」像や、その実現へのアイデアを、オンラインで三次にわたって募集しました。特に夏休み期間には、子どもたち限定のアイデア募集も行い、多様な声が集まるようにしました。全部で九四件のアイデアが寄せられ、会議に反映させることができました。

そして三つめは、会議の成果が、確実に活かされるようにすることです。話しあいの成果が、しっかりと政策に結びつくことが重要です。気候市民会議つくばにおいては、幸いにも市長が「提言は、第三次つくば市環境基本計画の見直し、およびつくば市地球温暖化対策実行計画の改定の際の素材として、もれなくロードマップを作成し対応する」と約束してくださいました。

――会議の「場」のデザインをはるかに超えた関わりだったのですね。では、プログラムにおいては、どのようなことを大切にしていましたか？

徳田：まずは、参加者の活動のバランスですね。先に述べたように、市民会議では、参加者が学習・熟議・

投票という三つの活動を行います。専門家の話から学び、話しあいで考えを深め、最後は個人で意思表示をする。これらの時間配分に頭を悩ませました。情報提供が不十分だと話しあいが深まりませんが、逆に専門家の影響力が強くなりすぎることも防がなければなりません。ワーキンググループで「話しあいの時間が全体の五割程度」という方針を定め、プログラム・デザインを行いました（★プログラム・デザイン→85ページ）。

全体の流れは、以下の通りです。第一回では「気候変動とは?」「ゼロカーボンとは?」といった基本的な学習を行った上で、ビジョン（二〇五〇年の〈ゼロカーボンで住みよいつくば市〉像）を描きました。その理想像を実現するための方策を、第二回から第四回にかけて、「移動・まちづくり」「住まい・建物」「消費・生活」という三つのテーマで、「市民の取り組み」と「行政の施策」を検討しました。そして第五回と第六回で、アイデアに磨きをかけて提言案を作成し、投票によって提言を確定しました。

合計二四時間にも及ぶ会議です。参加者は抽選で選ばれた一般市民ですから、必ずしも気候変動問題への関心が高い方ばかりではありませんし、このような話しあいに慣れているとも限りません。ですので、まずは「話しあいって、楽しい!」「次回も参加しよう!」と感じられるような雰囲気づくりを意識しました。その上で、「自分の思いや考えが反映されている」「多様な意見に触れることができ、それが活かされている」と実感できるような提言にまとめていく必要があります。そこで、「発言の偏り・意見の偏りを防ぐ」ことを意識しました。「発言の偏りを防ぐ」とは、その場にいる全員が、思いや考えを言葉にできるような場をつくるということです。そして「意見の偏りを防ぐ」とは、集団の心理によって、異なる意見や反対意見が出づらくなったり、極端に冒険的な、あるいは逆に無難な意見に流れていったり——といった現象を防ぐということです。

――実際の会議では、二つの偏りを防ぐために、どのようなファシリテーションが行われたのですか？

徳田：まずは、毎回の会議冒頭で、全六回のOutputとOutcome、今日のOutputとOutcomeをはじめ、OARRをしっかりと確認します（★オリエンテーション→35ページ）。そして、「前回の会議後、何か変わったことは？」とグループ内で近況を聴きあってから、本題に入ります（★チェックイン→38ページ）。専門家からの情報提供の後は、二～三人の小グループで感想を共有した上で、グループ全体で質問をつくります（★グループサイズ→34ページ）。ビジョンを描いたり、取り組みや施策を考えたりする際は、まずは個人で付箋にアイデアを記した上で、グループでアイデアを広げたり、まとめたりします（★ブレインストーミング→48ページ、グルーピング→50ページ）。第二回から第四回は、各グループの模造紙を見て回り、シール投票によって共感の度合いを測りました（★投票→55ページ）。第五回・第六回では、「市外の人／将来の人にとって公正か？」という観点で提言を見直したり（★視点→53ページ）、「市長になったつもりで考えよう」と、必要性・効率性・有効性・公平性・優先性といった基準で提言を評価したりしました（★判断基準→54ページ）。

写真4-12　グループで提言案をまとめる

――具体的に、どのような成果がありましたか？

徳田：最終日の、オンライン・ツールを用いた投票では、八七案のうち七四案が提言として採択されました。アンケート調査では、「提言は、参加者みなさんの思いや考え、意見が反映されたものにできましたか」「提言した内容が実現してほしい、実現したいと思いますか」という問いに対し、いずれも九七%の方が「できた」「そう思う」と回答してくださいました。

参加者有志によって、提言が実現するプロセスを見守り、応援するための、ゆるやかなネットワークも発足しています。私も、引き続き伴走したいと思います。

インタビューを終えて

まずは、会議の企画・設計段階での深い関わりに驚かされる。このように大規模な公的イベントで、参加者の募集や選出、オンラインでのアイデア募集、成果の扱いに関する約束にまでファシリテーターが関与するというのは、（望ましいことではあるものの）なかなか実現が難しい。「他地域のモデルとなるような、現時点で最良の気候市民会議を実現する」という情熱を、実行委員会やワーキンググループが共有していたからこそだろう。

ファシリテーション・チームには、経験豊富なファシリテーターが集まっていた。事前の打ち合わせでは、メンバーからさまざまな提案がなされ、プログラムやワークの進め方は何度も修正されたと聞く。第一回会議の進行表（タイムテーブル→85ページ）を見せてもらったが、八回も改訂されていた。その意味では、ファシリテーション・チームにおいては、モード（A）のリーダーシップ（→89ページ）が発揮されていたともいえるのではないだろうか。

会議当日、小文字のfを発揮するのは、主に各テーブルのファシリテーターである。全体進行（メイン・ファシリテーター）は単なる「司会者」に見えるかもしれないが、部屋の外では、このようにさまざまなファシリテーションを行っているのだ。

（鈴木）

Column 3

海外のソーシャル・ファシリテーション

第四章では、さまざまなソーシャル・ファシリテーションの実践に触れたが、このような活動に従事するファシリテーターは、海外にも数多く存在する。たとえばスコットランドでは、「地域計画担当者（Community Planning Officials: CPO）」という地方公務員、いわば「公的なファシリテーター」が活躍している。

CPOは、住宅、交通、教育、医療・福祉、環境など、地域におけるさまざまな課題の解決に向けた話しあいの場をつくり、議員や行政職員、地域の代表者、保健機関、非営利組織やボランティア団体、時には学校や企業などの関係者を集めて、情報共有や意思決定を行い、またさまざまな機会を捉えて、関係者間の連携、新たな関係の構築を行っている。

CPOを対象とした二〇一八年の調査では、「あなたの仕事にとってどのスキルが重要ですか？」という設問に対し、回答者の九二％が「ファシリテーション」を挙げ、「コンサルテーション（相談）」と並んで最も重要なスキルであるとされた（その他は、データの収集と共有八六％、説得八二％、交渉八一％、プレゼンテーション八一％など）。

興味深いのは、CPOの五八％が、自身を「変化を起こそうとするアクティビスト（社会活動家）である」と認識している、という点である。まさに、ソーシャル・ファシリテーターであるといえるだろう。

参考：Oliver Escobar and Sarah Weakley (2018) *Community Planning after the Community Empowerment Act: The Second Survey of Community Planning Officials in Scotland*, What Works Scotland.

epilogue

How to Avoid Common Pitfalls

「落とし穴」とその対策にふれる

ここまで、ソーシャル・ファシリテーションの具体的な働きかけを見てきた。「よし、さっそく試してみよう！」と意気込んでいる読者もあるかもしれない。もちろん、それぞれの現場で積極的に活用・実践していただきたいのだが、一方で、これらの働きかけを総動員して、矢継ぎ早にどんどん繰り出していけばよいかというと、そうではないところに難しさがある。ファシリテーションは、「やればやるほど効果がある」わけではないのだ。植物に水や肥料をやりすぎるとよくないのと同じように、ファシリテーションもまた、やりすぎてしまうと、花が咲くどころか、かえって枯らしてしまうこともある。

　そこで本章では、そのような「ファシリテーションの落とし穴」と、それを回避するための方策を考えてみよう。

section

1

ファシリテーションの「落とし穴」

まずは、「ファシリテーションの落とし穴」である。さまざま考えられるが、ここでは三つを取り上げてみたい。順に「主体性を削いでしまう」「混沌から逃げてしまう」「策に溺れてしまう」の三つである。

1 主体性を削いでしまう

ごくささやかな例を見てみよう。ワークショップなどでは、参加者に「名札」を用意することがある。名札は、初対面同士の参加者がいる場合に、お互いが知りあうことを後押ししてくれる便利なツールである。ファシリテーターにとっても、「○○さんはどう思いますか?」などのように、名前を呼んで質問しやすくなるだろう。しかし、名札があることで、「名前を覚えよう」という気持ちは後退してしまう。その結果、後日どこかで再会したときに名前が思い出せず、声がかけにくいということにもなりかねない。何かを後押しすることが、他の何かの促進を止めているかもしれないのだ(だから名札はよくない、というわけではない。名札を用いるか否かは、ケース・バイ・ケースで考える必要がある、ということだ)。

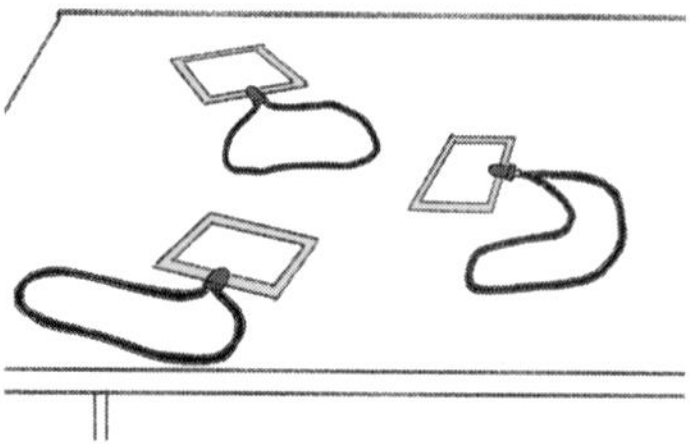

私たちの社会においては、常に背中を押してくれるファシリテーターがいるわけではない。会議のような話しあいにせよ、何らかのプロジェクトにせよ、ファシリテーターの存在に依存しすぎると、「今日はファシリテーターがいなかったから発言ができなかった」「ファシリテーターがいなかったから、このプロジェクトは前に進まないんだ」などという発想にもなりかねない。

たとえば、小文字のｆに「グループサイズを変える」というものがあった（↓34ページ）。しかし、本来であれば、「大勢を前にして、緊張してドキドキしながらも、勇気を出して自分の思いや考えを伝える」という経験も大切なことだろう。あるいは、参加者が自ら「話しやすくなるように、人数を分けませんか？」と提案することもできるはずだ。このように、参加者自身が「一歩を踏み出す」ことこそが、ファシリテーションが大切にする「主体性」に他ならない。しかし、常にファシリテーターが先回りして「では、少人数で話してみましょう」と呼びかけていては、これらの主体性を削いでしまうことにもなりかねない。

その意味では、たとえば話しあいにおいては、「参加者同士がファシリテーションしあう」ことが理想的である、ともいえる。たとえば、「話が混乱してきたな……」と感じた参加者が自らマーカーを手にして「可視化」を始めるとか（↓44ページ）、参加者が「最後に、何が決まっていて、何が決まっていないのかを確認しませんか？」と呼びかける（↓57ページ）といった状態である。しかし、極端な例を挙げれば、「参加者がファシリテーターに遠慮して行動に移さない（移せない）」ということもあり得る。そうなってしまっては本末転倒である。

2 混沌から逃げてしまう

話しあいを通じて、参加者の当事者意識が高まると、場のエネルギーも高まっていく。よりよい結論に向かって全員が本気になればなるほど、声が大きくなったり、発言が交錯したりする。あるいは逆に、みんなが真剣に考え込んで、沈黙の時間が続いたりする。まさに「産みの苦しみ」であり、いわゆる「創造的混沌（クリエイティブ・カオス）」と呼ばれる状態である。

このようなとき、ファシリテーターはしばしば慌てたり、不安になったりして、余計な介入をしてしまうことがある。特に、時間に追われているような場合に陥りがちな落とし穴だ。

しかし、「混沌」とは、それをくぐり抜けた先に新しいものが生まれる可能性をはらんでいる状態だ。そこでは「待つ」ことがもっとも重要である。これは、やや抽象的な話となるが、「混乱」との対比で考えるとよいだろう。「混乱」とは、エネルギーがバラバラに外に向かっている状態である。たとえば、一人ひとりが違う論点の主張をしていたり、意見の違いがいつの間にか個人攻撃にすり替わったりといった状況をイメージするとよいだろう。単に話が混乱している場合には、待っていても何も生まれない。そこでは、積極的に話を「整理」する必要がある。しかし「混沌」とは、エネルギーが内側に向かってぐっと高まっている状態である。だからこそ、「待つ」ことが創造につながるのだ。

ファシリテーター自身が混沌に耐えられず逃げ出してしまう際に、大文字のFとしての働きかけを「言い訳」のように使ってしまうということもある。つまり、「よりよく支援するためには、アドバイスも重要」と解釈し、「こうするといいんじゃないですかね?」などと提案・助言してしまうのだ。もちろん、提案や助言は一切してはならない、というわけではないが、もう少し待てばメンバーから生まれたであろうものを、ファシリテーターが奪ってしまっては、その輝きは半減してしまうだろう。

3 策に溺れてしまう

道具は、持っていると使いたくなるものである。これがしばしば「やりすぎ」につながってしまうのだ。「策士、策に溺れる」ということわざがあるが、たとえば「プロデュース」(↓83ページ)を例に考えてみよう。会議やワークショップ、プロジェクトのプログラムを構成するときに、「あれもやりたい、これもやりたい」と、ついつい項目を盛り込みすぎてしまう。そして、それを実行する過程において、「自分の考えたプログラム通りに進めること」が目的になってしまうのだ。

たとえば、「ワークショップの最初はアイスブレイク(↓38ページ)から始めなければ」と考え、じゃんけんゲームをするつもりで場に臨んだとしよう。ところが参加者は全員、すでにお互いよく知る仲で、十分リラックスした雰囲気ができている。そのような中で「では、じゃんけんゲームをしましょう」と切り出したとしたら、おそらく「やらされ感」が出たり、「時間の無駄だ」と思われたりして、逆に場を壊してしまうことになるだろう。

ファシリテーションはあくまでも「後押し」である。言葉を選ばずにいえば、主役である参加者にとっては、ファシリテーターが想定した通りに進めることは「どうでもよい」ことである。ファシリテーターが事前に考えたプログラムは、あくまでも「提案すべきもの」であって、「押し付ける」ものではないし、実際に進めていく過程で不具合があれば、臨機応変に見直していくものであるはずだ。

「うまく進める」ことは、（これも言葉を選ばずにいえば）ファシリテーターの自己満足に過ぎないのかもしれない。ファシリテーションのやり方・あり方を判断する基準があるとすれば、それはあくまでも、参加者にとって、その場にとって、そのプロジェクトにとってどうなのか、という観点がベースとなるだろう。主客転倒にならないように、十分に留意する必要がある。

section 2

「落とし穴」の回避策

では、これらの落とし穴は、どうすれば回避できるのだろうか。絶対の方法はなかなか見出だせないのだが、筆者らのこれまでの経験から、「落とし穴」に対応する形で三つの方法を挙げてみたい。順に「参加者を信じる」「居心地の悪い場に居続ける」「引き算で考える」の三つである。

1 参加者を信じる

落とし穴に落ちないためには、まずは参加者を信じることだ。「参加者は、自ら考え、自ら答えを見つけていくことができる」と信じること。お互いが問いあい、学びあい、共感しながら新たな解決策を見つけていくと信じることである。

ある被災地でのコーディネーション体験を紹介したい（➘77ページ）。その被災地では、Aという団体とBという団体の二つが、さまざまな理由からうまく連携できず個別に活動しており、支援活動に支障をきたしていた。現地に入っていた筆者（鈴木）は、「A団体はどのように動いていますか」「B団体の様子を聞かせてください」と、それぞれの団体から機会があるたびに質問されていた。そのようなことが何回か繰り返されると、「私がコーディネートしますから直接会ってお話しませんか？」と提案をしたくなる。だが、それでは「（筆者から）いわれたから会う」という「やらされ感」につながる可能性があった。そこで筆者は、それぞれの団体の話しあいを支援しながら、メンバーを信じて時機を待つことにした。その後、それぞれの話を丁寧に聴いているうちに、A団体から「一度、B団体と会って、一緒に話しあいたい」という提案が出てきた。これをきっかけに話しあいの場が実現し、両団体の連携が実現したのだ。

2 居心地の悪い場に居続ける

二つめは、ファシリテーター自身が居心地の悪い場に居続ける「胆力」を持つということだ。たとえば「沈黙」を例にとってみよう。多くの人にとって、沈黙は居心地のよいものではない。特に、「みんなに発言してもらう」ことを大切にしているファシリテーターにとって、「発言がない」状態は、なんとかしなければならない状態であると考えられがちである。しかし、先に見たように、みんなが真剣に考え込んでいるからこその「沈黙」もあり得るのだ。新しい気づきが生まれるエネルギーが充満しているからこその沈黙だとしたら、そことでは「邪魔をしない」ことがもっとも重要な働きかけとなる。必要な沈黙だと判断したときは、問いを投げかけたりせずに、静かにその混沌の中に居続け、一緒に乗り越えていく姿勢が、結果として参加者をぐっと後押しすることになるのだ。

そのためには、前述の通り、「混乱」と「混沌」を見分けることが必要になるが、それに限らず、ファシリテーターには「いま・ここがどういう状態にあるのか」をしっかりと観察することが求められる。観察の「観」は、観賞・観覧・観光などの熟語があるように、どちらかというと「一歩下がって広く見る」見方である。言葉では表しづらい、その場の雰囲気を「観じる」ことだ。そして観察の「察」は、診察・洞察・偵察などの熟語があるように、どちらかというと「細かい部分を詳しく見る」見方だ。表情や視線、姿勢や動作、声の大きさやトーン、口調などから、一人ひとりの様子を「察する」ことである。ファシリテーションのさまざまな働きかけは、この二つの「見る」力に支えられているといえるだろう。

また、ファシリテーター自身が、場や進行に対して「違和感」を感じることがある。話しあいにおいて、「あれ？　いまひとつ納得してないのかな？」と感じたり、プロジェクトにおいて、「このまま進めていって、本当に大丈夫かな？」と感じたりする瞬間である。これは、ファシリテーター自身にとって、居心地の悪い状態である。そのようなとき、時間や期限に追われていると、ついその違和感から逃げてしまう。だが、先を急

ぐと、おおむね後から「しっぺ返し」を食らうことになるものだ。

「なにか引っかかるな……」という場合には、積極的にそのことを口にしたほうがよい。たとえば筆者（徳田）は、そのようなときに、三つの段階で働きかけを行うことが多い。まずは、「このまま進めて大丈夫でしょうか？」と問いかける。それでも反応がない場合、「気になることがあれば何でもおっしゃってくださいね。火種が小さいうちは対処しやすいですが、放っておくと大火事になるかもしれませんからね」と呼びかける。すると、メンバーの中から「いや、実は気になっていることがあるんだけど……」と声があがることが多い。それでも声があがらない場合、「いやー、実は私自身が気になっているんですが……」と、自分の感じている違和感を紹介する。すると、かなりの確率で「そうなんですよね……」と同意するメンバーが出てくるのである。

3 引き算で考える

三つめは、「引き算で考える」ということである。「後押し」は過剰でないほうがよい。たとえば、先に例として挙げた「じゃんけんゲーム」などのように、自分が設計したプログラムにこだわるのではなく、その場に応じて手放すことが必要になる場合もあるだろう。

また、会議にせよ、プロジェクトにせよ、自分がそのテーマに関して知見を有している場合のファシリテーションには、特に注意が必要だ。確かに、アドバイスをすることが、大文字のFとしてのファシリテーション機能を果たすことはある。ただ、自分が詳しいテーマの場合、得てしてそれが過剰になってしまうことが多いのだ。というのも、「他の人の役に立っている」と感じられるのはうれしいからである。ファシリテーターも人の子、メンバーから「そうなんだ」「なるほど」「知らなかった」「ありがとうございます」といわれれば気持ちがよい。ただそうなると、思わずしゃべりすぎてしまい、いつの間にか「ファシリテーターの話をメンバーが拝聴している」というような状況にもなりかねない。

もちろん、ファシリテーターに悪気があるわけではない。メンバーにとって、あるいはプロジェクトにとって、それがプラスになると信じて情報提供を行っているのである。しかし、何が「成功」かは分からない。良かれと思ってしたことが、本当に場にとって最良なのかどうかは分からないのだ。お手伝い役だと自覚していながらも、ついつい「自分の手柄」にこだわってしまうもの。そのことを自覚して、「塩梅」を考えたいものである。

そして最後に、「ファシリテーションは万能ではないという自覚を持つこと」を付け加えておこう。地域の困りごとを解決するとき、場合によってはトップダウン型のアプローチが効果的なこともあるだろう。リーダーが思いを熱く語ることで、まわりが動き出すこともあるかもしれない。小文字のｆにせよ、大文字のＦにせよ、ファシリテーションは魔法の杖ではない。その場で起きていること、そしてその背景をよく観察して、ファシリテーションが有効かどうか見極めた上で、丁寧に進めていきたい。

いかがだろうか？「やってみよう！」という気持ちになっているだろうか、それとも「落とし穴に落ちたらどうしよう……」と感じているだろうか。

本書に記したさまざまな働きかけを一度に「使う」必要もないし、いきなり難易度の高そうな場でチャレンジする必要もない。学校や職場、地域における、気心の知れた仲間同士のちょっとした集まりなど、自分にとって身近な場で、何か一つ試してみる。うまくいったら、さらにもう一つ試してみる。そして、ちょっとした手応えが得られたなら、自分の「気になる現場」での活用を考えてみる。それくらい気軽な気持ちで活用・実践していただけるとありがたい。なにしろ、「主役は参加者」なのだ。誰か一人が大きなファシリテーションを振りかざすのではなく、みんなが小さなファシリテーションを持ち寄って、お互いに支えあう。そんな社会を、ともにつくっていければと願っている。

終章 まとめ

1 ファシリテーションにおいては、**主体性を削いでしまう**、**混沌から逃げてしまう**、**策に溺れてしまう**などの落とし穴が待っていることがある。

2 落とし穴を回避するためには、**参加者を信じる**、**居心地の悪い場に居続ける**、**引き算で考える**ことが有効である場合が多い。

おわりに

この本の執筆中、筆者の一人、徳田太郎は、「いばらき原発県民投票の会」の共同代表として、それまでに経験したことのない規模の活動に試行錯誤していました。その活動の中で直面する数々の葛藤は、ときに自らが原稿に記していることとの間に不協和音を生じ、幾度も書き直しを余儀なくされました。

また、新型コロナウイルス感染症の拡大は、私たちからさまざまなコミュニケーションの場を奪い去りましたが、筆者の一人、鈴木まり子が続けている災害復興支援にも大きな影響を与えました。二〇二〇年七月の豪雨においても、他県からは被災地に支援に入れず、新たな支援の形を模索せざるを得なくなりました。

新たな挑戦や、新たな環境は、私たちに大きな影響を及ぼします。しかしそのような中でも、人と人との〈かかわり〉や〈つながり〉をあきらめることなく、この社会をなんとかしたいと前を向いて歩いている多くの仲間がいることに、筆者らは励まされてきました。本書が、そのようなみなさんに少しでもお役に立つものとなり、ささやかな恩返しとなれば幸いです。

それぞれの現場での活動でお忙しい中、実践事例のインタビューに快く応じてくださったソーシャル・ファシリテーターの遠藤智栄さん、山口覚さんに深く感謝いたします。構想の段階における編集会議での対話に参加してくれた浦山絵里さん、図版を提供してくれた飯島邦子さんにもお礼を申し上げます。

筆者らが講師として関わっているビーネイチャースクールでは、二〇〇三年から、ソーシャル・ファシリテーションは平和で持続可能な社会づくりを促進すると信じ、各分野で「何とかしたい」というみなさんのためにファシリテーション講座を続けています。それぞれの分野で活躍している講師チームのみなさん、そして、この本の誕生を心待ちにしてくれている受講生のみなさん、エールをありがとうございます。

本書は、思いがカタチになるまでに長い時間がかかりました。その間、何度も道に迷った私たちをあきらめることなく、やさしく背中を押し続けてくださった、北樹出版の椎名寛子さん。まさに椎名さんは、長いプロセスにやさしく寄り添うファシリテーターでした。感謝の言葉しかありません。そして、最後に、この試みの本を読んでくださったみなさん、ありがとうございます。そして、みなさんのソーシャル・ファシリテーションの実践を、いつかどこかで共有できるときがくることを楽しみにしています。

改訂版に寄せて

二〇二一年の刊行以降、多くの方に現場で本書を活用いただいたことで増刷を重ね、改訂版の発行に至りました。初版刊行時、特設サイトやイベントを通じ、本書を「よりよい社会づくりのための、よりよい話しあいづくり」に取り組む多くの人々に届ける流れをつくってくださった、森雅浩さん・後藤裕子さん・平方亜弥子さん・姜咲知子さんにお礼を申し上げます。この改訂版も、「社会をつくり、変える」みなさんの歩みのパートナーとなることを願っています。

（二〇二四年一月）

「次の一歩」のためのブックリスト

青木将幸『市民の会議術：ミーティング・ファシリテーション入門』ハンズオン！埼玉出版部、二〇一二年
青木将幸『深い学びを促進する：ファシリテーションを学校に！』ほんの森出版、二〇一八年
石井大一朗・霜浦森平編著『はじめての地域づくり実践講座：全員集合！を生み出す6つのリテラシー』北樹出版、二〇一八年
加藤哲夫『市民のネットワーキング：市民の仕事術Ⅰ』メディアデザイン、二〇一一年
加藤文俊『ワークショップをとらえなおす』ひつじ書房、二〇一八年
香取一昭・大川恒『ワールド・カフェをやろう：会話がつながり、世界がつながる（新版）』日本経済新聞出版、二〇一七年
金井壽宏『リーダーシップ入門』日経文庫、二〇〇五年
加留部貴行『参加したくなる会議のつくり方：公務員のためのファシリテーション入門』ぎょうせい、二〇二一年
木下勇『ワークショップ：住民主体のまちづくりへの方法論』学芸出版社、二〇〇七年
鈴木まり子『ファシリテーションのすすめ：人をつなぐ　心をつなぐ』モラロジー研究所、二〇一八年
鈴木康久・嘉村賢州・谷口知弘『はじめてのファシリテーション』昭和堂、二〇一九年
中野民夫『ワークショップ：新しい学びと創造の場』岩波新書、二〇〇一年
中野民夫『ファシリテーション革命：参加型の場づくりの技法』岩波アクティブ新書、二〇〇三年
中野民夫・浦山絵里・森雅浩『看護のためのファシリテーション：学び合い育ち合う組織のつくり方』医学書院、二〇二〇年
中野民夫・森雅浩・鈴木まり子・冨岡武・大枝奈美『ファシリテーション：実践から学ぶスキルとこころ』岩波書店、二〇〇九年
日本ファシリテーション協会災害復興支援室編『ファシリテーション　わたしたちにできること』日本ファシリテーション協会、二〇一六年
早瀬昇・筒井のり子『ボランティアコーディネーション力（第二版）：市民の社会参加を支えるチカラ』中央法規出版、二〇一七年
堀公俊『ファシリテーション入門（第二版）』日経文庫、二〇一八年
堀公俊『オンライン会議の教科書：意思決定のスピードをあげるファシリテーション・スキル』朝日新聞出版、二〇二〇年

著者略歴

徳田 太郎（とくだ・たろう）

1972 年、茨城県生まれ。法政大学大学院政治学研究科博士後期課程単位取得退学。2003 年よりファシリテーターとして活動を続ける。NPO 法人日本ファシリテーション協会では事務局長、会長、災害復興支援室長を経て現在フェロー。その他、Be-Nature School ファシリテーション講座講師、法政大学大学院・法政大学兼任講師、東邦大学・文京学院大学非常勤講師。主な著書に「対話と熟議を育む」（石井大一朗・霜浦森平編著『はじめての地域づくり実践講座』北樹出版、2018 年）。つくば市在住。古書店の前を素通りできない性格。

鈴木 まり子（すずき・まりこ）

法政大学キャリアデザイン学部卒業。有限会社タイキなくらし取締役。NPO 法人日本ファシリテーション協会では副会長を経て現在フェロー。その他、Be-Nature School ファシリテーション講座講師、静岡文化芸術大学非常勤講師、浜松の企業が手をつなぐ災害支援ネットワーク代表世話人・事務局長、しずおか茶の国会議メンバー、経団連事業サービスキャリア開発センター認定キャリア・アドバイザー。主な著書に『ファシリテーション：実践から学ぶスキルとこころ』（中野民夫ほか著、岩波書店、2009年）。浜松市在住。趣味は、家族や仲間とのキャンプと温泉。

ソーシャル・ファシリテーション〔改訂版〕

「ともに社会をつくる関係」を育む技法

2021 年 2 月 15 日　初版第一刷発行
2021 年 4 月 20 日　初版第二刷発行
2022 年 4 月 5 日　初版第三刷発行
2024 年 4 月 30 日　改訂版第一刷発行

著　者　徳　田　太　郎
　　　　　鈴　木　まり子
発行者　木　村　愼　也
発行所　株式会社 北 樹 出 版

〒153-0061　東京都目黒区中目黒 1-2-6
TEL：03-3715-1525（代表）　FAX：03-5720-1488
http://www.hokuju.jp

印刷・製本　モリモト印刷株式会社　　**本文イラスト**　宮野里枝

ISBN 978-4-7793-0747-8